Mr. Pickwicks Weihnachten

ist ein Bericht über das Weihnachtsfest der
Pickwickianer auf der Manor Farm und die dortigen
Abenteuer; die Geschichte vom Kobold, der einen
Küster stahl, und von den berühmten Sportarten auf
dem Eis

Charles Dickens

Writat

Diese Ausgabe erschien im Jahr 2024

ISBN: 9789359944920

Herausgegeben von
Writat
E-Mail: info@writat.com

Inhalt

EINFÜHRUNG

Mit nichts zu beginnen und mit etwas so Großartigem wie Pickwick zu enden, ist eine Errungenschaft, die nur wenige Menschen realisieren können. Dennoch scheint Pickwick auf diese höchst willkürliche Weise entstanden zu sein.

Im Alter von dreiundzwanzig Jahren öffnete Charles Dickens seine Tür in Furnival's Inn für den geschäftsführenden Gesellschafter der Firma „Chapman and Hall".

Die Idee, die Dickens dann vorgetragen wurde, bestand darin, dass eine monatliche Veröffentlichung das Vehikel für die Ausführung bestimmter Platten sein sollte, die von Robert Seymour, einem bewundernswerten Humoristen und Künstler großer Beliebtheit, ausgeführt werden sollten. Darin ging es um einen Nimrod-Club und seine Abenteuer, Angeln, Jagen usw., die äußerst humorvoll gestaltet waren, indem der Mangel an Erfahrung und Geschicklichkeit der Mitglieder offengelegt wurde. Dickens wurde gebeten, einen Buchdruck zu diesen Bildern beizusteuern, er protestierte jedoch mit der Begründung, dass er mit dem Sport oder dem Leben eines Sportlers nicht genug vertraut sei, um solches Material zu produzieren, und auch, weil die Idee nicht frisch sei. Er meinte, die Ergebnisse wären viel erfreulicher, wenn er freier über das englische Volk und seine Bräuche schreiben würde, und es wäre auch unendlich besser, wenn die Tafeln vom Text inspiriert wären. Die Vorschläge wurden angenommen und „ich schrieb dann", sagt Dickens, „die erste Nummer und anhand der Korrekturbögen fertigte Herr Seymour die Zeichnung des Pickwick Clubs an und schuf so das glückliche Porträt des Gründers, das ihn Wirklichkeit werden ließ."

Am 6. März erschien die erste Monatsausgabe der „Posthumous Papers of the Pickwick Club" und „... in weniger als sechs Monaten von diesem Zeitpunkt an sprach die ganze Lesewelt darüber; Die Namen Winkle, Wardle, Weller, Snodgrass, Dodson und Fogg waren in unserem Mund als vertraute Wörter eingebürgert. „Pickwick-Chints" waren in den Schaufenstern von Leinenhändlern zu sehen und „Weller-Cordstoffe" in der Werbung für Hosenmacher; Man konnte „Boz-Taxis" durch die Straßen rattern sehen, und das Porträt des Autors von „Pelham und Crichton" wurde abgekratzt oder überklebt, um Platz für das des neuen beliebten Favoriten in den Omnibussen zu schaffen."

Es war nur natürlich, dass einem so begonnenen Werk, bei dem der Autor für jeden Teil eine Kopie verlangte, jede bestimmte Form oder Handlung fehlte. Dickens schreibt im Vorwort zur Originalausgabe:

„Die Veröffentlichung des Buches in monatlichen Ausgaben, die jeweils nur 32 Seiten umfassten, machte es zu einem Gegenstand von überragender Bedeutung, der die verschiedenen Vorfälle zwar durch eine Kette von Interessen miteinander verknüpfte, die stark genug war, um zu verhindern, dass sie unzusammenhängend oder unmöglich erschienen, Das allgemeine Design sollte so einfach sein, dass durch diese distanzierte und oberflächliche Form der Veröffentlichung, die sich über nicht weniger als zwanzig Monate erstreckt, kein Schaden entsteht. Kurz gesagt, es war notwendig – oder so schien es dem Autor –, dass jede Zahl bis zu einem gewissen Grad in sich vollständig sein sollte und dass dennoch die gesamten zwanzig Zahlen, wenn sie gesammelt würden, ein einigermaßen harmonisches Ganzes bilden sollten, wobei jede vorangeht zum anderen durch einen sanften und nicht unnatürlichen Fortschritt des Abenteuers.

„Es liegt auf der Hand, dass in einem im Hinblick auf solche Überlegungen veröffentlichten Werk mit Vernunft keine kunstvoll verwobene oder raffiniert komplizierte Handlung zu erwarten ist. Der Autor wagt es, die Hoffnung auszudrücken, dass er die Schwierigkeiten seines Unternehmens erfolgreich gemeistert hat. Und wenn man gegen die „Pickwick Papers" einwendet, dass es sich lediglich um eine Abenteuerserie handelt, in der sich die Szenen ständig ändern und die Charaktere wie die Männer und Frauen, denen wir in der realen Welt begegnen, kommen und gehen, kann er nur damit zufrieden sein mit der Überlegung, dass sie behaupten, nichts anderes zu sein, und dass der gleiche Einwand gegen die Werke einiger der größten Romanautoren der englischen Sprache erhoben wurde."

Die Herausgeber des vorliegenden Bandes waren der Ansicht, dass gerade die Art und Weise, in der „Pickwick" erstmals herausgegeben wurde, den separaten Nachdruck der Kapitel rechtfertigt, die sich mit den Weihnachtsfeierlichkeiten auf der Manor-Farm befassen. Abgesehen davon wird der in diesen Kapiteln enthaltenen Weihnachtsstimmung ein besonderes Interesse beigemessen, da sie den ersten formalen Ausdruck dieser Weihnachtsstimmung darstellt, der Dickens später eine beträchtliche Reihe entzückender Werke widmete.

Es ist völlig natürlich, dass Pickwick die Figur ist, die Dickens zu diesen warmen, aufrichtigen Gedanken inspiriert, in einer Zeit, in der unsere Begeisterung immer deutlicher spürbar ist. Ein Zitat aus einem Vorwort für eine Ausgabe seiner Schriften, die in der Widmung an John Forster als die beste Ausgabe seiner Werke bezeichnet wurde, lässt uns die Bedeutung von Pickwick als solches Vehikel erkennen. Dickens sagt:

„Man hat bei Mr. Pickwick beobachtet, dass sich sein Charakter im Laufe dieser Seiten deutlich verändert und dass er besser und vernünftiger wird. Ich glaube nicht, dass diese Veränderung für meine Leser erzwungen oder unnatürlich erscheinen wird, wenn sie bedenken, dass uns im wirklichen Leben die Eigenheiten und Kuriositäten eines Mannes, der etwas Launenhaftes an sich hat, im Allgemeinen zuerst beeindrucken, und dass dies erst der Fall ist, wenn es uns besser geht Wenn wir uns mit ihm vertraut machen, beginnen wir normalerweise, hinter diese oberflächlichen Merkmale zu blicken und den größten Teil von ihm kennenzulernen."

Hier auf der Manor Farm nehmen wir also an den gesunden Sportarten und menschlichen Interessen teil, die diese Weihnachtskapitel so ansteckend machen. „Flink wie Bienen, wenn auch nicht ganz so leicht wie Feen, versammelten sich die vier Pickwickianer am Morgen des 22. Dezember." Wer kann einer solchen Begeisterung widerstehen und den Sinn dieser Zeilen nicht verstehen?

„Und in der Tat sind die Herzen zahlreich, denen Weihnachten eine kurze Zeit des Glücks und der Freude beschert. Wie viele Familien, deren Mitglieder in den ruhelosen Kämpfen des Lebens weit und breit zerstreut und zerstreut wurden, werden dann wieder vereint und treffen sich wieder in diesem glücklichen Zustand der Kameradschaft und des gegenseitigen guten Willens, der eine Quelle so reiner und unverfälschter Natur ist Es ist eine Freude und so unvereinbar mit den Sorgen und Nöten der Welt, dass der religiöse Glaube der zivilisiertesten Nationen und die rohen Traditionen der rauesten Wilden es gleichermaßen zu den ersten Freuden eines zukünftigen Daseinszustands zählen, der den Gesegneten und Glücklichen geboten wird ! Wie viele alte Erinnerungen und wie viele schlummernde Sympathien werden in der Weihnachtszeit wach!

„Wir schreiben diese Worte jetzt, viele Meilen entfernt von dem Ort, an dem wir uns Jahr für Jahr an diesem Tag trafen, ein fröhlicher und freudiger Kreis. Viele der Herzen, die damals so fröhlich pochten, haben aufgehört zu schlagen; Viele der Blicke, die damals so hell leuchteten, haben aufgehört zu leuchten; die Hände, die wir ergriffen haben, sind alt geworden; Die Augen, die wir suchten, haben ihren Glanz im Grab verborgen; Und doch drängen sich das alte Haus, das Zimmer, die fröhlichen Stimmen und lächelnden Gesichter, der Scherz, das Lachen, die kleinsten und unbedeutendsten Umstände, die mit diesen glücklichen Begegnungen verbunden sind, bei jedem Wiederauftreten der Jahreszeit wie bei der letzten Versammlung in unser Gedächtnis ein war erst gestern gewesen! Frohe, glückliche Weihnachten, die uns zu den Wahnvorstellungen unserer kindlichen Tage zurückbringen können; das kann dem alten Mann die Freuden seiner Jugend in Erinnerung rufen; und den Seemann und den Reisenden, Tausende von Meilen entfernt, zurück zu seinem eigenen Kamin und seinem ruhigen Zuhause transportieren."

Was für ein Wunder, dass die Idee, Pickwick bildlich darzustellen, Robert Seymour ansprechen und ihn zu der berühmten Tafel „Pickwick wendet sich an den Club" inspiriert! Dies ist ein glückliches Porträt, das für alle Zeiten das unauslöschliche Bild seines Motivs in den Köpfen der Welt verankert hat.

In dieser Frage der bildlichen Ausschmückung nehmen die Schriften von Dickens seit jeher eine einzigartige Stellung ein. Dickens selbst zog es vor, seine Werke ohne Bilder erscheinen zu lassen, aber die Nachfrage seines Publikums erforderte die Verwendung der talentiertesten Bleistifte von George Cruikshank bis Frederick Barnard. So verfügen wir neben den Platten für die Originalausgaben über unzählige Stiche für Folgeausgaben und für besondere Reproduktionsformen.

Forster, der Biograph von Dickens, teilt uns mit, dass den Romanautor selten, wenn überhaupt, in Bezug auf die Illustrationen etwas anderes als Enttäuschung erwartete; Eine Tatsache, die sich leicht feststellen lässt, wenn man die Unzufriedenheit verfolgt, die er durch seinen innigen und freundschaftlichen Umgang mit den bildlichen Interpreten seines Textes zum Ausdruck brachte.

Die Künstler des frühen 19. Jahrhunderts griffen bei der Erstellung ihrer Bilder selten auf lebende Modelle zurück, und dies ist nicht zuletzt der Grund für das marionettenartige Aussehen vieler ihrer Figuren. Der einzige Leitfaden waren die anschaulichen Beschreibungen des Autors, eines Künstlers, der seine ganze Inspiration aus dem Leben schöpfte.

In den frühen sechziger Jahren entstand jedoch eine neue Schule von Illustratoren, die der Anfertigung einer Illustration die gleiche Sorgfalt widmeten wie ein Maler seinen Leinwänden. Das Ergebnis war eine Reihe von Bildern voller menschlichem Interesse – Bilder, die nicht auf der Übertreibung von Details und Gesichtsausdrücken beruhten, um ihre Bedeutung zu vermitteln. Der einzige Anspruch, der im Vergleich zu den späteren Platten an die frühen Tafeln gestellt werden kann, ist ihr assoziativer Charme. Das Werk von Männern wie Frederick Barnard und Charles Green übertrifft diese früheren Werke technisch bei weitem und bietet uns eine menschlichere und lebendigere Interpretation.

In der Illustration der Originalausgabe von „Pickwick" geht es um drei Künstler: Robert Seymour, Robert Buss und Hablôt K. Browne, besser bekannt als „Phiz".

Seymours Dienste wurden durch seinen Selbstmord vorzeitig beendet. Sein Nachfolger, Buss, war ebenfalls von kurzer Dauer und für den Autor oder Verleger offensichtlich nicht zufriedenstellend, denn es folgt eine lange Liste von Bewerbern, die die freie Stelle besetzen wollten, darunter Wm. M.

Thackeray. Als er Jahre später auf einen Toast auf „Literatur" beim Bankett der Royal Academy antwortete, sagte dieser: „Ich kann mich erinnern, als Mr. Dickens ein sehr junger Mann war und begann, die Welt mit einigen bezaubernden humorvollen Werken zu erfreuen, von denen ich Ich kann den Namen nicht nennen, aber sie waren hellgrün gefärbt und erschienen einmal im Monat, dass dieser junge Mann einen Künstler wollte, der seine Schriften illustrierte, und ich erinnere mich, wie ich mit zwei oder drei Zeichnungen in der Hand zu seinen Gemächern ging, was seltsam war sagen wir, er fand es nicht passend. Ohne diesen unglücklichen Schaden, der über mein künstlerisches Dasein hereingebrochen wäre, wäre es mein Stolz und meine Freude gewesen, eines Tages versucht zu haben, an diesen Wänden einen Platz für einen meiner Auftritte zu finden." Später spielte er auf die Ablehnung seiner Dienste als „Mr. Pickwicks glückliche Flucht."

Am Ende wurde Browne angenommen und von allen Illustratoren dieser frühen Ausgaben ist er der Beste, mit Ausnahme von Luke Fildes RA, dem Illustrator der ersten Ausgabe von „Edwin Drood".

Als Fildes Dickens interviewte, um sich auf die Übernahme dieses Auftrags vorzubereiten, teilte er dem Autor mit, dass er zwar die Ehre schätze, ausgewählt zu werden, um „Edwin Drood" zu illustrieren, er sich jedoch gezwungen fühlte, nur widerwillig auf das Vergnügen zu verzichten, wenn die Entwürfe von a sein müssten komischer und völlig humorvoller Natur nach der Art von Phiz und seinen Vorgängern. Er erinnerte Dickens daran, dass seine Schriften sowohl eine äußerst ernste als auch eine scherzhafte Seite besaßen und sich hervorragend für eine ernsthaftere Behandlung eignen würden. Dickens antwortete, dass er es ziemlich leid sei, dass seine Illustratoren ihn ausschließlich als Humoristen und Karikaturisten betrachteten. Zwar gibt es einen großen Unterschied zwischen „Pickwick" und „Edwin Drood", dennoch wird in den verschiedenen Eskapaden des Clubs viel vom ernsten Leben dargestellt, und es ist die ausgeprägte Wertschätzung dieser Qualität, die den früheren Künstlern völlig entgangen zu sein scheint .

Wir wenden uns an Charles Green und finden in seiner Serie großer Aquarelle eines mit dem Titel „The Pickwick Club" und unseren intimen Freund, der nicht in Karikaturen, sondern in die ganze Atmosphäre der Realität gekleidet ist und dabei nichts von seiner Jovialität und Komik verliert Eigenschaften. Der echte Winkle, der echte Snodgrass, der echte Tupman hören seiner Ansprache zu, und die unnatürlichen Elemente der ersten Platten sind einer passenderen Ausdrucksform gewichen, haben aber den urigen Humor des Textes beibehalten.

Wer findet hier nicht den Pickwick, den wir immer gesucht haben – den Pickwick von Dickens?

Der Autor hat sich bemüht, in dieser Bilderserie die wahre, menschliche Atmosphäre in der Mischung von Ernst und Komik zu erzeugen und ihnen den Anschein von Realität zu verleihen, die der Text in unseren Köpfen erzeugt.

GEORGE ALFRED WILLIAMS.

Chatham, NJ

KAPITEL I

Ein gut gelauntes Weihnachtskapitel, das einen Bericht über eine Hochzeit und einige andere Sportarten enthält, die zwar auf ihre Weise, auch wenn sie so gute Bräuche wie die Ehe selbst sind, in diesen verkommenen Zeiten nicht ganz so religiös gepflegt werden.

So lebhaft wie Bienen, wenn auch nicht ganz so leicht wie Feen, versammelten sich die vier Pickwickianer am Morgen des zweiundzwanzigsten Dezembertages, in dem Jahr der Gnade, in dem diese, ihre getreulich aufgezeichneten Abenteuer, unternommen und vollendet wurden. Weihnachten stand vor der Tür, trotz all seiner Unverblümtheit und herzlichen Ehrlichkeit; es war die Zeit der Gastfreundschaft, der Fröhlichkeit und der Offenheit; Das alte Jahr bereitete sich wie ein alter Philosoph darauf vor, seine Freunde um sich zu rufen und unter dem Klang von Festen und Feierlichkeiten sanft und ruhig zu vergehen. Fröhlich und fröhlich war die Zeit; und richtig fröhlich und fröhlich waren mindestens vier der zahlreichen Herzen, die sich über sein Kommen freuten.

Und tatsächlich sind die Herzen zahlreich, denen Weihnachten eine kurze Zeit des Glücks und der Freude beschert. Wie viele Familien, deren Mitglieder in den ruhelosen Kämpfen des Lebens weit und breit zerstreut und zerstreut wurden, werden dann wieder vereint und treffen sich erneut in diesem glücklichen Zustand der Kameradschaft und des gegenseitigen guten Willens, der eine Quelle so reiner und unverfälschter Natur ist Eine Freude, die so unvereinbar mit den Sorgen und Nöten der Welt ist, dass der religiöse Glaube der zivilisiertesten Nationen und die rohen Traditionen der rauesten Wilden sie gleichermaßen zu den ersten Freuden eines künftigen Existenzzustands zählen, für den sie gesorgt hat gesegnet und glücklich! Wie viele alte Erinnerungen und wie viele schlummernde Sympathien weckt die Weihnachtszeit!

Wir schreiben diese Worte jetzt, viele Meilen entfernt von dem Ort, an dem wir uns Jahr für Jahr an diesem Tag trafen, ein fröhlicher und freudiger Kreis. Viele der Herzen, die damals so fröhlich pochten, haben aufgehört zu schlagen; Viele der Blicke, die damals so hell leuchteten, haben aufgehört zu leuchten; die Hände, die wir ergriffen haben, sind kalt geworden; die Augen, die wir suchten, haben ihren Glanz im Grab verborgen; Und doch drängen sich das alte Haus, das Zimmer, die fröhlichen Stimmen und lächelnden Gesichter, der Scherz, das Lachen, der kleinste und unbedeutendste Umstand, der mit diesen glücklichen Begegnungen verbunden ist, bei jedem Wiederauftreten der Jahreszeit wie bei der letzten Versammlung in unser Gedächtnis ein war erst gestern gewesen. Fröhliche, frohe Weihnachten, die uns in die Wahnvorstellungen unserer kindlichen Tage zurückversetzen können, die dem alten Mann die Freuden seiner Jugend in Erinnerung rufen und den Seemann und den Reisenden, Tausende von Meilen entfernt, zurück an seinen eigenen Kamin entführen können sein ruhiges Zuhause!

Aber wir sind so sehr von den guten Eigenschaften von Christmas, der übrigens ein echter Landherr der alten Schule ist, eingenommen und beschäftigt, dass wir Mr. Pickwick und seine Freunde in der Kälte warten lassen außerhalb der Muggleton-Kutsche, die sie gerade erreicht haben, gut eingepackt, in Mäntel, Schals und Bettdecken. Die Koffer und Reisetaschen sind verstaut, und Mr. Weller und der Wachmann versuchen, einen riesigen Kabeljau, der mehrere Nummern zu groß dafür ist und der in einem langen braunen Korb gut verpackt ist, in den Vorderstiefel zu stecken , mit einer Schicht Stroh darüber, und die bis zuletzt stehen gelassen wurde, damit er in Sicherheit auf den arrangierten halben Dutzend Fässern mit echten einheimischen Austern ruhen kann, die allesamt Eigentum von Mr. Pickwick sind in regelmäßiger Reihenfolge am Boden des Behälters. Das in Mr. Pickwicks Gesichtsausdruck gezeigte Interesse ist am intensivsten, als Mr. Weller und der Wachmann versuchen, den Kabeljau in den Stiefel zu quetschen, zuerst mit dem Kopf zuerst, dann mit dem Schwanz zuerst, dann von oben nach oben, dann von unten nach oben und so weiter dann seitwärts, dann längs, all diese Kunstgriffe. Der unerbittliche Kabeljau wehrt sich entschieden, bis der Wächter ihn versehentlich mitten im Korb trifft, woraufhin er plötzlich im Stiefel verschwindet und mit ihm Kopf und Schultern Der Wächter selbst, der nicht damit gerechnet hat, dass der passive Widerstand des Kabeljaus so plötzlich aufhört, erfährt zur unerträglichen Freude aller Träger und Umstehenden einen ganz unerwarteten Schock. Daraufhin lächelt Mr. Pickwick sehr gutgelaunt, zieht einen Schilling aus seiner Westentasche und bittet den Wachmann, während er sich aus dem Stiefel erhebt, seine Gesundheit in einem Glas heißen Brandy und Wasser zu trinken, woraufhin er sagte: Auch der Wachmann lächelt, und die Herren Snodgrass, Winkle und Tupman lächeln alle gemeinsam. Der Wachmann und Mr. Weller verschwinden für fünf Minuten, höchstwahrscheinlich um den heißen Brandy und das Wasser zu holen, denn sie riechen sehr stark danach. Als sie zurückkommen, steigt der Kutscher zum Bock, Mr. Weller springt hinterher, die Pickwickianer ziehen ihre Mäntel um die Beine und ihre Schals um die Nase; Die Helfer ziehen die Pferdedecken ab, der Kutscher ruft ein fröhliches „Alles klar" und schon geht es los.

Sie rumpelten durch die Straßen, stolperten über die Steine und erreichten schließlich das weite und offene Land. Die Räder gleiten über den harten und frostigen Boden; und die Pferde, die bei einem kräftigen Knall der Peitsche in Galopp ausbrechen, schreiten die Straße entlang, als ob die Last hinter ihnen, Kutsche, Passagiere, Kabeljau, Austernfässer und alles, nur eine Feder hinter ihnen wäre. Sie sind einen sanften Abhang hinabgestiegen und gelangen auf eine zwei Meilen lange Ebene, so kompakt und trocken wie ein massiver Marmorblock. Ein weiterer Knall der Peitsche, und sie galoppieren weiter, in flottem Galopp. Die Pferde werfen ihre Köpfe hin und her und rasseln mit dem Geschirr, als seien sie begeistert von der Geschwindigkeit der Bewegung, während der Kutscher, Peitsche und Zügel in einer Hand haltend, losfährt Er nimmt seinen Hut mit dem anderen, legt ihn auf die Knie, holt sein Taschentuch heraus und wischt sich die Stirn, teils weil er die Angewohnheit hat, das zu tun, teils weil es auch dazu dient, den Passagieren zu zeigen, wie cool er ist und was Eine einfache Sache ist es, Vierspänner zu fahren, wenn man so viel Übung hat wie er. Nachdem er dies sehr gemächlich getan hat (sonst würde die Wirkung wesentlich beeinträchtigt werden), steckt er sein Taschentuch wieder zurück, setzt seinen Hut auf, rückt seine Handschuhe zurecht, streckt die Ellbogen, lässt erneut die Peitsche knallen, und sie rasen weiter, fröhlicher als zuvor.

Ein paar kleine Häuser, verstreut auf beiden Seiten der Straße, weisen auf den Eingang zu einer Stadt oder einem Dorf hin. Die lebhaften Töne des Schlüsselhorns des Wärters vibrieren in der klaren, kalten Luft und wecken den alten Herrn drinnen, der vorsichtig den Fensterflügel auf halbem Weg herunterlässt und als Wache über der Luft steht, einen kurzen Blick nach draußen wirft und dann indem man es vorsichtig wieder hochzieht, teilt man dem anderen im Inneren mit, dass man sich direkt umziehen wird; Daraufhin weckt sich der andere im Inneren und beschließt, sein nächstes Nickerchen auf die Zeit nach der Unterbrechung zu verschieben. Wieder ertönt das Signalhorn kräftig und weckt die Frau und die Kinder des Häuslers, die zur Haustür hinauslugen und die Kutsche beobachten, bis sie um die Ecke biegt, dann hocken sie sich wieder um das lodernde Feuer und werfen einen weiteren Holzscheit auf Holz gegen Vater kommt nach Hause, während Vater selbst, eine ganze Meile entfernt, gerade ein freundliches Nicken mit dem Kutscher ausgetauscht und sich umgedreht hat, um das wegwirbelnde Fahrzeug ausgiebig zu betrachten.

Und jetzt spielt das Signalhorn lebhaft, während die Kutsche durch die schlecht gepflasterten Straßen einer Landstadt rattert; und der Kutscher öffnet die Schnalle, die seine Bänder zusammenhält, und bereitet sich darauf vor, sie abzuwerfen, sobald er anhält. Mr. Pickwick tritt aus seinem Rockkragen hervor und blickt sich mit großer Neugier um; Als der Kutscher dies bemerkt, teilt er Mr. Pickwick den Namen der Stadt mit und teilt ihm mit, dass gestern Markttag gewesen sei. Beide Informationen gibt Mr. Pickwick seinen Mitreisenden weiter, woraufhin auch diese ihre Rockkragen ablegen. und sieh dich auch um. Mr. Winkle, der am äußersten Rand sitzt und ein Bein in der Luft baumeln lässt, wird fast auf die Straße gestürzt, als die Kutsche um die scharfe Ecke beim Käseladen herumbiegt und auf den Marktplatz einbiegt; und bevor Mr. Snodgrass, der neben ihm sitzt, sich von seinem Alarm erholt hat, halten sie am Hof des Gasthauses an, wo bereits die frischen Pferde in Tüchern warten. Der Kutscher wirft die Zügel nieder und steigt selbst ab, und die anderen Passagiere von außen steigen ebenfalls ab, mit Ausnahme derjenigen, die kein großes Vertrauen in ihre Fähigkeit haben, wieder aufzustehen, und sie bleiben, wo sie sind, und stampfen mit den Füßen gegen die Kutsche wärme sie; Mit sehnsüchtigen Augen und roten Nasen blicken wir auf das helle Feuer in der Gasthausbar und auf die Stechpalmenzweige mit roten Beeren, die das Fenster schmücken.

Aber der Wachmann hat im Laden des Getreidehändlers das braune Papierpäckchen abgeliefert, das er aus dem kleinen Beutel genommen hat, der an einem Lederriemen über seiner Schulter hängt, und hat gesehen, wie die Pferde sorgfältig angezogen wurden, und hat den Sattel auf das Pflaster geworfen der aus London auf dem Kutschendach hergebracht wurde und bei der Besprechung zwischen dem Kutscher und dem Pferdeknecht über die graue Stute geholfen hat, die sich letzten Dienstag am Vorderbein verletzt hat, und er und Mr. Weller sind alle gleich dahinter, und Der Kutscher ist ganz vorne, und der alte Herr drinnen, der das Fenster die ganze Zeit über fünf Zentimeter heruntergelassen hat, hat es wieder hochgezogen, und die Planen sind abgenommen, und alles ist bereit zum Anfahren, außer dem „ „Zwei stämmige Herren", nach denen sich der Kutscher mit einiger Ungeduld erkundigt. Daraufhin rufen der Kutscher und der Wachmann und Sam Weller und Mr. Winkle und Mr. Snodgrass und alle Stallknechts und jeder einzelne der Müßiggänger, deren Zahl größer ist als alle anderen zusammen, nach den Vermissten Herr, so laut sie brüllen können. Vom Hof ist eine entfernte Antwort zu hören, und Mr. Pickwick und Mr. Tupman kommen ganz außer Atem herbeigelaufen, denn sie haben jeweils ein Glas Bier getrunken, und Mr. Pickwicks Finger sind so kalt, dass er war fünf Minuten lang voll, bevor er die Sixpence aufbringen konnte, um dafür zu bezahlen. Der Kutscher ruft ein mahnendes „Na dann, mein Herr", der Wachmann wiederholt es – der alte Herr drinnen hält es für etwas ganz Außergewöhnliches, dass Leute *absteigen* , wenn sie wissen, dass dafür keine Zeit ist -Herr. Pickwick kämpft sich auf der einen Seite hoch, Mr. Tupman auf der anderen, Mr. Winkle schreit „Alles klar", und schon geht es los. Schals werden hochgezogen, Mantelkragen neu zurechtgerückt, der Bürgersteig hört auf, die Häuser verschwinden; und sie sausen wieder über die offene Straße, die frische, klare Luft weht ihnen ins Gesicht und erfreut ihre Herzen.

So kamen Mr. Pickwick und seine Freunde beim Muggleton Telegraph auf dem Weg nach Dingley Dell voran; und um drei Uhr nachmittags standen sie alle hoch und trocken, gesund und munter, gesund und munter auf den Stufen des Blauen Löwen, nachdem sie unterwegs genug Bier und Brandy zu sich genommen hatten, um mitbieten zu können Trotz des Frosts, der die Erde in seinen eisernen Fesseln fesselte und sein wunderschönes Netz über die Bäume und Hecken webte. Mr. Pickwick war damit beschäftigt, die Austernfässer zu zählen und die Ausgrabung des Kabeljaus zu überwachen, als er spürte, wie er sanft von den Rocksäumen gezogen wurde; Als er sich umsah, entdeckte er, dass die Person, die auf diese Weise seine Aufmerksamkeit erregte, kein anderer war als Mr. Wardles Lieblingsseite, den Lesern dieser ungeschminkten Geschichte besser bekannt unter der bezeichnenden Bezeichnung „der dicke Junge".

"Aha!" sagte Herr Pickwick.

"Aha!" sagte der dicke Junge.

Und während er das sagte, blickte er vom Kabeljau zu den Austernfässern und lachte fröhlich. Er war dicker als je zuvor.

„Nun, du siehst rosig aus, mein junger Freund", sagte Mr. Pickwick.

„Ich habe direkt vor dem Feuer im Schankraum geschlafen", antwortete der dicke Junge, der sich im Laufe einer Stunde Mittagsschlaf auf die Farbe eines neuen Kaminofens erhitzt hatte. „Der Meister hat mich mit dem Chay-Cart herübergeschickt, um Ihr Gepäck zum Haus hinaufzutragen. Er hätte ein paar Reitpferde geschickt, aber er dachte, dass du lieber zu Fuß gehst, da es ein kalter Tag ist."

„Ja, ja", sagte Mr. Pickwick hastig, denn er erinnerte sich, wie sie bei einer früheren Gelegenheit über fast dasselbe Gebiet gereist waren. „Ja, wir gehen lieber zu Fuß. Hier, Sam."

„Sir", sagte Herr Weller.

„Helfen Sie Mr. Wardles Diener, die Pakete in den Wagen zu legen, und fahren Sie dann mit ihm weiter. Wir werden sofort vorwärts gehen."

Nachdem Mr. Pickwick und seine drei Freunde diese Anweisung gegeben und sich mit dem Kutscher abgefunden hatten, begaben sie sich auf den Fußweg über die Felder und gingen zügig davon, wobei sie Mr. Weller und den dicken Jungen zum ersten Mal gemeinsam gegenüberstanden. Sam sah den dicken Jungen voller Erstaunen an, sagte aber kein Wort; und fing an, die Sachen schnell im Karren zu verstauen, während der dicke Junge ruhig daneben stand und es offenbar für sehr interessant hielt, Mr. Weller alleine arbeiten zu sehen.

„Da", sagte Sam und warf die letzte Reisetasche hinein. "Da sind sie."

„Ja", sagte der dicke Junge sehr zufrieden, „da sind sie."

„Nun ja, junger Zwanziger, atemberaubend", sagte Sam, „du bist ein hübsches Exemplar eines Preisjungen, das bist du."

„Danke", sagte der dicke Junge.

„Du hast doch nichts im Kopf, was dich beunruhigt, oder?" fragte Sam.

„Soweit ich weiß, nicht", antwortete der Junge.

„Als ich dich ansah, hätte ich wohl gedacht, dass du unter einer unerwiderten Bindung an einen jungen Mann leidest", sagte Sam.

Der dicke Junge schüttelte den Kopf.

„Vielleicht", sagte Sam, „das freut mich zu hören. Trinkst du jemals etwas?"

„Ich esse gern, besser", antwortete der Junge.

„Ah", sagte Sam, „das hätte ich mir denken sollen; Aber was ich meine ist: Möchtest du einen Tropfen von irgendetwas, das dich wärmt? Aber ich nehme an, dir war bei all den elastischen Vorrichtungen nie kalt, oder?"

„Manchmal", antwortete der Junge; „Und ich mag einen Tropfen von etwas, wenn es gut ist."

„Oh, das tust du, oder?" sagte Sam, „komm doch mal hierher."

Der Blue Lion-Hahn war bald erreicht, und der dicke Junge trank ein Glas Schnaps, ohne auch nur mit der Wimper zu zucken – eine Leistung, die ihm in Mr. Wellers guter Meinung beträchtliche Fortschritte verschaffte. Nachdem Herr Weller ein ähnliches Geschäft auf eigene Rechnung abgeschlossen hatte, stiegen sie in den Einkaufswagen.

"Können Sie fahren?" sagte der dicke Junge.

„Das glaube ich eher", antwortete Sam.

„So", sagte der dicke Junge, nahm die Zügel in die Hand und deutete einen Weg hinauf, „es ist so gerade, wie du gehen kannst; man kann es nicht verpassen."

Mit diesen Worten legte sich der dicke Junge liebevoll neben den Kabeljau, legte ein Austernfass als Kissen unter seinen Kopf und schlief augenblicklich ein.

„Nun", sagte Sam, „von all den coolen Jungs, die ich jemals gesehen habe, ist dieser junge Herr hier so ziemlich der coolste." Komm, wach auf, junger Wassersüchtiger."

Aber als der junge Wassersucht keine Anzeichen einer Rückkehr der Lebendigkeit zeigte, setzte sich Sam Weller vor den Karren und trieb das alte Pferd mit einem Ruck an den Zügeln an, um stetig weiter in Richtung Manor Farm zu joggen.

In der Zwischenzeit machten Mr. Pickwick und seine Freunde, nachdem sie ihr Blut in den aktiven Kreislauf gebracht hatten, fröhlich weiter; Die Wege waren hart, das Gras war frisch und frostig, die Luft hatte eine feine, trockene, erfrischende Kälte, und das rasche Herannahen der grauen Dämmerung (schieferfarben ist bei frostigem Wetter ein besserer Begriff) ließ sie mit angenehmer Vorfreude nach vorne blicken zu den Annehmlichkeiten, die sie bei ihrem gastfreundlichen Animateur erwarteten. Es war ein Nachmittag von der Sorte, der ein paar ältere Herren auf einem einsamen Feld dazu veranlassen könnte, ihre großen Mäntel auszuziehen und in purer Leichtigkeit und Fröhlichkeit Bockspringen zu spielen; und wir sind fest davon überzeugt, dass Herr Pickwick sein Angebot mit größter

Begeisterung angenommen hätte, wenn Herr Tupman in diesem Moment „einen Rücken" angeboten hätte.

Herr Tupman machte jedoch keine freiwillige Zusage, und die Freunde gingen weiter und unterhielten sich fröhlich. Als sie in eine Gasse einbogen, die sie überqueren mussten, drang der Klang vieler Stimmen an ihre Ohren; und bevor sie überhaupt Zeit hatten, zu erraten, zu wem sie gehörten, betraten sie die Mitte der Gruppe, die ihre Ankunft erwartete – eine Tatsache, die den Pickwickianern zuerst durch das laute „Hurra" mitgeteilt wurde brach es aus den Lippen des alten Wardle, als sie in Sichtweite erschienen.

Erstens war da Wardle selbst, der, wenn das überhaupt möglich war, fröhlicher als je zuvor aussah; dann waren da noch Bella und ihr treuer Trundle; und schließlich waren da noch Emily und etwa acht oder zehn junge Damen, die alle zur Hochzeit gekommen waren, die am nächsten Tag stattfinden sollte, und sich in einem so glücklichen und wichtigen Zustand befanden, wie es junge Damen bei solch bedeutsamen Anlässen normalerweise sind ; und sie alle erschreckten die Felder und Gassen weit und breit mit ihrem Toben und Lachen.

Emily Wardle.

Unter solchen Umständen wurde die Vorstellungszeremonie sehr bald durchgeführt, oder besser gesagt, die Vorstellung war bald vorüber, ohne jegliche Zeremonie; und zwei Minuten später scherzte Mr. Pickwick mit den jungen Damen, die nicht über den Zauntritt stiegen, solange er hinsah, oder die mit hübschen Füßen und unauffälligen Knöcheln es vorzogen, etwa fünf Minuten lang auf der obersten Reling zu stehen. und er erklärte, dass sie zu viel Angst hätten, um sich zu bewegen, mit so viel Leichtigkeit und ohne Zurückhaltung oder Zwang, als hätte er sie schon sein ganzes Leben lang gekannt. Bemerkenswert ist auch, dass Mr. Snodgrass Emily weit mehr Hilfe leistete, als die absoluten Schrecken des Zauns (obwohl er ganze drei Fuß hoch war und nur ein paar Trittsteine hatte) erfordern würden; während eine schwarzäugige junge Dame in einem sehr hübschen kleinen Paar Stiefel mit Fell an der Spitze sehr laut schrie, als Mr. Winkle ihr anbot, ihr beim Hinüberhelfen zu helfen.

Das alles war sehr behaglich und angenehm, und als die Schwierigkeiten des Zauntritts endlich überwunden waren und sie erneut das offene Feld betraten, erzählte der alte Wardle Mr. Pickwick, dass sie alle zusammen unten gewesen seien, um die Möbel zu inspizieren Ausstattung des Hauses, das das junge Paar nach den Weihnachtsferien mieten sollte; Bei dieser Mitteilung wurden Bella und Trundle beide rot, so rot wie der dicke Junge nach dem

Schankraumbrand; und die junge Dame mit den schwarzen Augen und dem Fell um die Stiefel flüsterte Emily etwas ins Ohr und warf dann einen schelmischen Blick auf Mr. Snodgrass, worauf Emily antwortete, dass sie ein dummes Mädchen sei, aber trotzdem sehr rot geworden sei; und Mr. Snodgrass, der so bescheiden war, wie alle großen Genies es normalerweise sind, spürte, wie ihm das Purpurrot bis zum Scheitel stieg, und wünschte sich im tiefsten Innern seines Herzens, dass die junge Dame mit ihren schwarzen Augen dies sagte , und ihre Wölbung und ihre Stiefel mit dem Fell an der Spitze waren alle bequem in der angrenzenden Grafschaft deponiert.

Aber wenn sie außerhalb des Hauses gesellig und fröhlich waren, wie herzlich und herzlich wurden sie dann empfangen, als sie die Farm erreichten! Die Diener selbst grinsten vor Vergnügen, als sie Herrn Pickwick sahen, und Emma warf Herrn Tupman einen halb zurückhaltenden, halb unverschämten und ganz hübschen Blick des Erkennens zu, der ausreichte, um die Bonaparte-Statue im Flur zum Vorschein zu bringen seine Arme und umschließe sie in ihnen.

Die alte Dame saß in üblicher Haltung im vorderen Salon, war aber ziemlich verärgert und daher vor allem taub. Sie selbst ging nie aus, und wie viele andere alte Damen ihresgleichen neigte sie dazu, es als einen Akt häuslichen Verrats zu betrachten, wenn sich irgendjemand anders die Freiheit nahm, etwas zu tun, was ihr nicht möglich war. Also, segne ihre alte Seele, sie saß so aufrecht, wie sie konnte, in ihrem großen Stuhl und sah so wild aus, wie es nur sein konnte – und das war schließlich wohlwollend.

„Mutter", sagte Wardle, „Mr. Pickwick. Du erinnerst dich an ihn."

„Macht nichts", antwortete die alte Dame mit großer Würde. „Beunruhigen Sie Mr. Pickwick nicht wegen eines alten Wesens wie mir. Jetzt kümmert sich niemand mehr um mich, und es ist ganz natürlich, dass sie das auch nicht tun sollten." Hier warf die alte Dame den Kopf zurück und strich mit zitternden Händen ihr lavendelfarbenes Seidenkleid glatt.

„Kommen Sie, Ma'am", sagte Mr. Pickwick, „ich kann nicht zulassen, dass Sie einen alten Freund auf diese Weise verletzen. Ich bin ausdrücklich hergekommen, um ein langes Gespräch und einen weiteren Gummi mit Ihnen zu führen; und wir zeigen diesen Jungen und Mädchen, wie man ein Menuett tanzt, bevor sie achtundvierzig Stunden älter sind."

Die alte Dame gab schnell nach, aber es gefiel ihr nicht, alles auf einmal zu tun; also sagte sie nur: „Ah! Ich kann ihn nicht hören."

„Unsinn, Mutter", sagte Wardle. „Komm, komm, sei nicht böse, es gibt eine gute Seele. Erinnere dich an Bella; Komm, du musst sie bei Laune halten, armes Mädchen."

Die gute alte Dame hörte das, denn ihre Lippen zitterten, als ihr Sohn es sagte. Aber das Alter hat seine kleinen Temperamentsschwächen, und sie war noch nicht ganz zu sich gekommen. Also strich sie das lavendelfarbene Kleid noch einmal glatt, wandte sich an Mr. Pickwick und sagte: „Ah, Mr. Pickwick, junge Leute waren ganz anders, als ich ein Mädchen war."

„Kein Zweifel, Ma'am", sagte Mr. Pickwick, „und das ist der Grund, warum ich die wenigen, die noch Spuren des alten Bestands haben, lieber machen würde" – und als Mr. Pickwick dies sagte, zog er sanft an Bella Sie ging auf ihn zu, drückte ihr einen Kuss auf die Stirn und forderte sie auf, sich auf den kleinen Hocker zu Füßen ihrer Großmutter zu setzen. Ob der Ausdruck ihres Gesichtes, als es sich zum Gesicht der alten Dame hob, einen Gedanken an alte Zeiten hervorrief, oder ob die alte Dame von Mr. Pickwicks liebevoller Gutmütigkeit berührt war, oder was auch immer der Grund dafür war, sie war ziemlich gerührt ; Also warf sie sich ihrer Enkelin um den Hals und all die kleine Verärgerung verflüchtigte sich in einem Schwall stiller Tränen.

Es war eine fröhliche Party an diesem Abend. Ruhig und feierlich war die Partitur der Gummimusik, bei der Mr. Pickwick und die alte Dame zusammen spielten; und lärmend war die Heiterkeit am runden Tisch. Lange nachdem sich die Damen zurückgezogen hatten, kreiste der heiße Holunderwein, gut abgestimmt mit Brandy und Gewürzen, im Kreis und im Kreis und im Kreis noch einmal; und der Schlaf war fest, und die Träume, die darauf folgten, waren angenehm. Es ist eine bemerkenswerte Tatsache, dass die Texte von Herrn Snodgrass ständig Bezug auf Emily Wardle hatten; und dass die Hauptfigur in Mr. Winkles Visionen eine junge Dame mit schwarzen Augen, einem verschmitzten Lächeln und einem Paar bemerkenswert schöner Stiefel mit Fell am Schaft war.

Mr. Pickwick wurde früh am Morgen durch Stimmengewirr und Fußgetrappel geweckt, das ausreichte, um sogar den dicken Jungen aus seinem schweren Schlaf zu wecken. Er setzte sich im Bett auf und lauschte. Die Dienstmädchen und Besucherinnen liefen ständig hin und her; und es gab so viele Forderungen nach warmem Wasser, so wiederholte Schreie nach Nadeln und Fäden und so viele halb unterdrückte Bitten: „Oh, komm doch und fessel mich, da ist ein Schatz", dass Mr. Pickwick in seiner Unschuld anfing, sich das vorzustellen dass etwas Schreckliches geschehen sein musste, als er wacher wurde und sich an die Hochzeit erinnerte. Da es sich um einen wichtigen Anlass handelte, kleidete er sich besonders sorgfältig und ging in den Frühstücksraum hinunter.

Da waren alle Dienstmädchen in einer nagelneuen Uniform aus rosafarbenen Musselinkleidern mit weißen Schleifen an den Mützen, die in einem Zustand der Aufregung und Aufregung, den man kaum beschreiben konnte, durch das Haus liefen. Die alte Dame war schick gekleidet und trug ein Brokatkleid, das seit zwanzig Jahren nicht mehr das Licht der Welt erblickt hatte, bis auf die Strahlen, die während der ganzen Zeit durch die Ritzen in der Kiste, in der es lag, hindurchgekrochen waren. Mr. Trundle war bester Laune, aber auch ein wenig nervös. Der herzliche alte Wirt versuchte, sehr fröhlich und unbekümmert zu wirken, doch sein Versuch scheiterte deutlich. Alle

Mädchen trugen Tränen und weißes Musselin, mit Ausnahme von zwei oder drei Auserwählten, denen die Ehre zuteil wurde, die Braut und die Brautjungfern die Treppe hinauf privat zu sehen. Alle Pickwickianer waren in höchster Blumenpracht; und auf dem Gras vor dem Haus ertönte ein furchtbares Gebrüll, das von allen Männern, Jungen und Humpeltieren des Hofes verursacht wurde, von denen jeder eine weiße Schleife im Knopfloch hatte und die alle lautstark jubelten und vor allem: dazu angespornt und angespornt durch die Lehre und das Beispiel von Herrn Samuel Weller, der es bereits geschafft hatte, mächtig populär zu werden, und der sich so zu Hause fühlte, als wäre er auf dem Land geboren.

Eine Hochzeit ist ein erlaubtes Thema, über das man Witze machen kann, aber eigentlich ist das Thema kein großer Witz; Wir sprechen lediglich von der Zeremonie und bitten um klares Verständnis, dass wir uns keinem versteckten Sarkasmus über das Eheleben hingeben. Mit dem Vergnügen und der Freude über den Anlass vermischen sich die vielen Bedauern darüber, das Zuhause verlassen zu haben, die Tränen der Trennung zwischen Eltern und Kind, das Bewusstsein, die liebsten und freundlichsten Freunde des glücklichsten Teils des menschlichen Lebens zurückzulassen, um sich seinen Sorgen und Sorgen zu stellen Probleme mit anderen, die noch unerprobt und wenig bekannt sind – natürliche Gefühle, deren Beschreibung wir dieses Kapitel nicht traurig machen würden und die wir noch weniger bereit sein sollten, lächerlich gemacht zu werden.

Lassen Sie uns also kurz sagen, dass die Zeremonie von dem alten Geistlichen in der Pfarrkirche von Dingley Dell durchgeführt wurde und dass Mr. Pickwicks Name dem Register beigefügt ist, das noch immer in der Sakristei aufbewahrt wird; dass die junge Dame mit den schwarzen Augen ihren Namen sehr unsicher und zitternd unterschrieb; und dass Emilys Unterschrift, wie die der anderen Brautjungfer, fast unleserlich ist; dass alles in einem sehr bewundernswerten Stil verlief; dass die jungen Damen es im Allgemeinen weitaus weniger schockierend fanden, als sie erwartet hatten; Und obwohl die Besitzerin der schwarzen Augen und des schelmischen Lächelns Mr. Winkle mitteilte, dass sie sicher sei, dass sie sich nie etwas so Schrecklichem unterwerfen könne, haben wir die allerbesten Gründe zu der Annahme, dass sie sich geirrt hat. Zu alledem können wir hinzufügen, dass Mr. Pickwick der Erste war, der die Braut begrüßte und dass er ihr dabei eine kostbare goldene Uhr und eine Kette um den Hals warf, die kein sterblicher Blick außer dem des Juweliers jemals zuvor gesehen hatte . Dann läutete die alte Kirchenglocke so fröhlich sie konnte, und alle kehrten zum Frühstück zurück.

„Vere, gehen die Mince-Pies, junger Opiumesser?" sagte Mr. Weller zu dem dicken Jungen, während er dabei half, die Konsumgüter bereitzulegen, die am Abend zuvor nicht ordnungsgemäß bereitgestellt worden waren.

Der dicke Junge zeigte auf den Bestimmungsort der Kuchen.

„Sehr gut", sagte Sam, „stecken Sie ein bisschen Weihnachten hinein." T'anderes Gericht gegenüber. Dort; Jetzt sehen wir kompakt und bequem aus, wie der Vater sagte, obwohl er seinem kleinen Jungen den Kopf abgeschnitten hat, um ihn vom Schielen zu heilen."

Als Herr Weller den Vergleich anstellte, trat er ein oder zwei Schritte zurück, um ihm volle Wirkung zu verleihen, und betrachtete die Vorbereitungen mit größter Zufriedenheit.

„Wardle", sagte Mr. Pickwick, fast sobald sie alle Platz genommen hatten, „ein Glas Wein zu Ehren dieses glücklichen Anlasses!"

„Ich werde begeistert sein, mein Junge", sagte Wardle. „Joe – verdammt dieser Junge, er ist eingeschlafen."

„Nein, das tue ich nicht, Sir", antwortete der dicke Junge und sprang aus einer abgelegenen Ecke auf, wo er, wie der Schutzpatron der dicken Jungs – der unsterbliche Horner – einen Weihnachtskuchen verschlungen hatte, wenn auch nicht mit der Kühle und Überlegung, die das Vorgehen dieses jungen Herrn kennzeichnete.

„Füllen Sie Mr. Pickwicks Glas."

"Jawohl."

Der dicke Junge füllte Mr. Pickwicks Glas und zog sich dann hinter den Stuhl seines Herrn zurück, von wo aus er das Spiel der Messer und Gabeln und den Fortschritt der erlesenen Häppchen von den Tellern bis in den Mund der Gesellschaft beobachtete Art von dunkler und düsterer Freude, die sehr beeindruckend war.

„Gott segne dich, alter Kerl", sagte Mr. Pickwick.

„Dasselbe gilt für dich, mein Junge", antwortete Wardle; und sie gelobten einander herzlich.

"Frau. Wardle", sagte Mr. Pickwick, „wir alten Leute müssen zu Ehren dieses freudigen Ereignisses zusammen ein Glas Wein trinken."

Dann läutete die alte Kirchenglocke ... und alle kehrten zum Frühstück zurück.

Die alte Dame befand sich gerade in einem Zustand großer Erhabenheit, denn sie saß in ihrem Brokatkleid oben auf dem Tisch, auf der einen Seite ihre frischvermählte Enkelin und auf der anderen Mr. Pickwick die Schnitzerei. Mr. Pickwick hatte nicht sehr laut gesprochen, aber sie verstand ihn sofort und trank zu seinem langen Leben und Glück ein volles Glas Wein aus; Danach begann die würdige alte Seele mit einem ausführlichen und ausführlichen Bericht über ihre eigene Hochzeit, mit einer Dissertation über die Mode, hochhackige Schuhe zu tragen, und einigen Einzelheiten über das Leben und die Abenteuer der schönen Lady Tollimglower, die überhaupt verstorben ist worüber die alte Dame selbst wirklich sehr herzlich lachte, und die jungen Damen auch, denn sie fragten sich untereinander, wovon zum Teufel Oma redete. Als sie lachten, lachte die alte Dame zehnmal herzlicher: und sagte, dass sie immer für große Geschichten gehalten worden seien, was sie alle wieder zum Lachen brachte und die alte Dame in die allerbeste Laune versetzte. Dann wurde der Kuchen angeschnitten und durch den Ring geführt; und die jungen Damen hoben Stücke auf, um sie unter ihre Kissen zu legen und von ihren zukünftigen Ehemännern zu träumen; und dadurch wurde viel Erröten und Heiterkeit hervorgerufen.

"Herr. „Miller", sagte Mr. Pickwick zu seinem alten Bekannten, dem hartnäckigen Herrn, „ein Glas Wein?"

„Mit großer Zufriedenheit, Herr Pickwick", antwortete der hartnäckige Herr feierlich.

„Du nimmst mich auf?" sagte der gütige alte Geistliche.

„Und ich", warf seine Frau ein.

„Und ich, und ich", sagten ein paar arme Verwandte am Ende des Tisches, die sehr herzhaft gegessen und getrunken hatten und über alles lachten.

Herr Pickwick drückte seine tief empfundene Freude über jeden weiteren Vorschlag aus; und seine Augen strahlten vor Heiterkeit und Fröhlichkeit.

„Meine Damen und Herren", sagte Mr. Pickwick und erhob sich plötzlich –

"Hört hört! Hört hört! Hört hört!" sagte Herr Weller in der Aufregung seiner Gefühle.

„Rufen Sie alle Diener herbei", rief der alte Wardle und mischte sich ein, um die öffentliche Zurechtweisung zu verhindern, die Mr. Weller sonst zweifellos von seinem Herrn erhalten hätte. „Geben Sie ihnen jeweils ein Glas Wein zum Anstoßen. Nun, Pickwick."

Inmitten des Schweigens der Gesellschaft, des Flüsterns der weiblichen Bediensteten und der peinlichen Verlegenheit der Männer ging Mr. Pickwick weiter.

„Meine Damen und Herren – nein, ich sage nicht meine Damen und Herren, ich nenne Sie meine Freunde, meine lieben Freunde, wenn die Damen mir erlauben, mir eine so große Freiheit zu nehmen" –

Hier wurde Mr. Pickwick durch gewaltigen Applaus der Damen unterbrochen, der von den Herren wiederholt wurde, wobei die Besitzerin der Augen deutlich zu hören war, dass sie diesen lieben Mr. Pickwick küssen könne, woraufhin Mr. Winkle galant fragte, ob das möglich sei. Das sollte nicht von einem Stellvertreter erledigt werden, worauf die junge Dame mit den schwarzen Augen antwortete: „Gehen Sie weg" – und begleitete die Bitte mit einem Blick, der so klar wie möglich sagte: „Wenn Sie können."

„Meine lieben Freunde", fuhr Herr Pickwick fort, „ich werde die Gesundheit der Braut und des Bräutigams vorschlagen – Gott segne sie (Jubel und Tränen). Ich halte meinen jungen Freund Trundle für einen sehr hervorragenden und männlichen Kerl. Ich weiß, dass seine Frau ein sehr liebenswürdiges und liebenswertes Mädchen ist, das gut geeignet ist, das Glück, das sie zwanzig Jahre lang im Haus ihres Vaters um sich herum verbreitet hat, auf einen anderen Wirkungsbereich zu übertragen. (Hier brach der dicke Junge in lärmendes Geplapper aus und wurde von Mr. Weller am Mantelkragen herausgeführt.) „Ich wünschte", fügte Mr. Pickwick hinzu, „ich wünschte, ich wäre jung genug, um der Ehemann ihrer Schwester zu sein." Prost), aber wenn das nicht gelingt, bin ich froh, alt genug zu sein, um ihr Vater zu sein; denn wenn das so ist, wird man mich keiner verborgenen Absicht verdächtigen, wenn ich sage, dass ich sie beide bewundere, schätze und liebe (Jubel und Schluchzen). Der Vater der Braut, unser guter Freund dort, ist ein edler Mensch, und ich bin stolz, ihn zu kennen (großer Aufruhr). Er ist ein freundlicher, ausgezeichneter, unabhängiger, gutherziger, gastfreundlicher, liberaler Mann (begeisterte Rufe der armen Verwandten, bei allen Adjektiven und besonders bei den letzten beiden). Damit seine Tochter all das Glück genießen kann, das auch er sich nur wünschen kann; und dass er aus der Betrachtung ihrer Glückseligkeit all die Befriedigung des Herzens und des Seelenfriedens ziehen kann, die er so sehr verdient, ist, davon bin ich überzeugt, unser gemeinsamer Wunsch. Lasst uns also auf ihre Gesundheit trinken und ihnen ein langes Leben und jeden Segen wünschen."

Herr Pickwick schloss unter tosendem Applaus; und noch einmal wurden die Lungen der Überzähligen unter Herrn Wellers Befehl in aktiven und effizienten Betrieb gebracht. Herr Wardle schlug Herrn Pickwick vor; und Mr. Pickwick machte der alten Dame einen Heiratsantrag. Herr Snodgrass schlug Herrn Wardle vor, und Herr Wardle schlug Herrn Snodgrass vor. Einer der armen Verwandten schlug Herrn Tupman vor, und der andere arme Verwandte schlug Herrn Winkle vor; und alles war fröhlich und festlich, bis das mysteriöse Verschwinden der beiden armen Verwandten unter dem Tisch die Party warnte, dass es Zeit war, sich zu vertagen.

Beim Abendessen trafen sie sich wieder, nach einem fünfundzwanzig Meilen langen Spaziergang, den die Männer auf Wardles Empfehlung unternommen hatten, um die Auswirkungen des Weins beim Frühstück loszuwerden; Die armen Verwandten hatten den ganzen Tag im Bett gelegen, in der Absicht, die gleiche glückliche Vollendung zu erreichen, aber da es ihnen nicht gelungen war, blieben sie stehen. Mr. Weller hielt die Hausangestellten in einem Zustand ständiger Heiterkeit; und der dicke Junge teilte seine Zeit abwechselnd in kleine Portionen Essen und Schlafen ein.

Das Abendessen war eine ebenso herzhafte Angelegenheit wie das Frühstück und es war genauso laut, ohne Tränen. Dann kam der Nachtisch und noch ein paar Toasts. Dann kamen Tee und Kaffee; und dann der Ball.

Eine fünfundzwanzig Meilen lange Wanderung, die die Männer auf Empfehlung von Wardle unternommen haben.

Das beste Wohnzimmer auf der Manor Farm war ein schöner, langer, dunkler, getäfelter Raum mit einem hohen Kamin und einem geräumigen Kamin, durch den man mitsamt den neuen Patentkabinen hätte fahren können. Am oberen Ende des Raumes saßen in einer schattigen Laube aus Stechpalmen und immergrünen Pflanzen die beiden besten Geiger und die einzige Harfe in ganz Muggleton. In allerlei Nischen und auf allerlei Halterungen standen massive alte silberne Leuchter mit je vier Zweigen. Der Teppich war ausgebreitet, die Kerzen brannten hell, das Feuer loderte und knisterte im Kamin; und fröhliche Stimmen und unbeschwertes Gelächter hallten durch den Raum. Wenn sich einer der alten englischen Freibauern nach seinem Tod in Feen verwandelt hätte, wäre dies genau der Ort gewesen, an dem sie ihre Feierlichkeiten abgehalten hätten.

Wenn irgendetwas das Interesse dieser angenehmen Szene hätte steigern können, dann wäre es die bemerkenswerte Tatsache gewesen, dass Mr. Pickwick zum ersten Mal seit der Erinnerung seiner ältesten Freunde ohne seine Gamaschen erschien.

„Du willst tanzen?" sagte Wardle.

„Natürlich tue ich das", antwortete Mr. Pickwick. „Sehen Sie nicht, dass ich für diesen Zweck gekleidet bin?" und Mr. Pickwick machte auf seine gesprenkelten Seidenstrümpfe und elegant gebundenen Pumps aufmerksam.

„ *Du* in Seidenstrümpfen!" rief Herr Tupman scherzhaft aus.

„Und warum nicht, Sir – warum nicht?" sagte Mr. Pickwick und drehte sich herzlich zu ihm um.

„Oh, natürlich gibt es keinen Grund, warum Sie sie nicht tragen sollten", antwortete Herr Tupman.

„Das glaube ich nicht, Sir – das glaube ich nicht", sagte Mr. Pickwick in einem sehr energischen Ton.

Mr. Tupman hatte über ein Lachen nachgedacht, aber er fand, dass es eine ernste Angelegenheit war; Also sah er ernst aus und sagte, dass es ein sehr hübsches Muster sei.

„Das hoffe ich", sagte Mr. Pickwick und richtete seinen Blick auf seinen Freund. „Sie sehen in diesen Strümpfen nichts Außergewöhnliches, *als* Strümpfe vertraue ich, Sir?"

„Bestimmt nicht – oh, sicherlich nicht", antwortete Herr Tupman. Er ging weg; und Mr. Pickwicks Gesicht nahm wieder seinen gewohnten gütigen Ausdruck an.

„Ich glaube, wir sind alle bereit", sagte Mr. Pickwick, der mit der alten Dame an der Spitze des Tanzes stand und in seiner übermäßigen Angst vor dem Tanz bereits vier Fehlstarts gemacht hatte.

„Dann fangen Sie sofort an", sagte Wardle. "Jetzt."

Er schlug die beiden Geigen und die eine Harfe an, und Mr. Pickwick ging mit den Händen hinüber, als allgemeines Händeklatschen und der Ruf „Stopp, stopp" zu hören war.

"Was ist los?" sagte Mr. Pickwick, der nur durch die Geigen und die Harfe zum Aufhören gebracht wurde und von keiner anderen irdischen Macht hätte aufgehalten werden können, wenn das Haus in Flammen gestanden hätte.

„Wo ist Arabella Allen?" sagte ein Dutzend Stimmen.

„Und Winkle!" fügte Herr Tupman hinzu.

"Hier sind wir!" rief dieser Herr, als er mit seiner hübschen Begleiterin aus der Ecke auftauchte; und während er das tat, wäre es schwer gewesen zu sagen, wer der Rötere im Gesicht war, er oder die junge Dame mit den schwarzen Augen.

„Was für eine außergewöhnliche Sache, Winkle", sagte Mr. Pickwick ziemlich kleinlich, „dass Sie Ihren Platz vorher nicht hätten einnehmen können."

„Überhaupt nicht außergewöhnlich", sagte Herr Winkle.

„Nun", sagte Mr. Pickwick mit einem sehr ausdrucksstarken Lächeln, während sein Blick auf Arabella ruhte, „nun, ich weiß schließlich auch nicht, dass es außergewöhnlich *war*."

Es blieb jedoch keine Zeit, weiter über die Sache nachzudenken, denn mit den Geigen und der Harfe begann es richtig ernst zu gehen. Weg ging Mr. Pickwick – mit den Händen durch die Mitte bis zum Ende des Zimmers und auf halber Höhe des Schornsteins, wieder zurück zur Tür – Poussette überall – lautes Stampfen auf dem Boden – bereit für das nächste Paar – wieder weg – die ganze Figur noch einmal – ein weiterer Stempel, um die Zeit zu streichen – das nächste Paar und das nächste und das nächste noch einmal – noch nie war es so gut; Und schließlich, als sie das Ende des Tanzes erreicht hatten und ganze vierzehn Paare, nachdem die alte Dame sich erschöpft zurückgezogen hatte und die Frau des Geistlichen an ihre Stelle getreten war, tat dieser Herr, als überhaupt keine Nachfrage bestand Während er sich anstrengt, tanzt er ständig an seiner Stelle, um im Takt der Musik zu bleiben, und lächelt seinen Partner die ganze Zeit mit einem milden Verhalten an, das sich jeder Beschreibung entzieht.

Lange bevor Mr. Pickwick des Tanzens müde wurde, hatte sich das frisch verheiratete Paar von der Bühne zurückgezogen. Trotzdem gab es unten ein herrliches Abendessen und danach ein langes Sitzen; und als Mr. Pickwick am nächsten Morgen spät aufwachte, erinnerte er sich verwirrt daran, wie er beim allerersten Mal, als sie das erste Mal dort waren, etwa fünfundvierzig Leute einzeln und vertraulich zum Essen mit ihm ins George and Vulture eingeladen hatte London; was Mr. Pickwick zu Recht als ziemlich sicheres Zeichen dafür ansah, dass er in der vergangenen Nacht etwas anderes als Sport gemacht hatte.

„Und deine Familie spielt heute Abend in der Küche, meine Liebe, nicht wahr?" fragte Sam von Emma.

„Ja, Herr Weller", antwortete Emma; „Das haben wir immer am Heiligabend. Der Meister würde es auf keinen Fall versäumen, so weiterzumachen."

„Dein Herr hat eine sehr gute Vorstellung davon, alles am Laufen zu halten, mein Lieber", sagte Mr. Weller; „Ich habe noch nie einen so vernünftigen Mann wie ihn oder einen so vornehmen Herrn gesehen."

„Oh, das ist er!" sagte der dicke Junge und beteiligte sich an der Unterhaltung; „Züchtet er nicht schönes Schweinefleisch!" und der dicke Junge warf Mr. Weller einen halb kannibalischen Blick zu, als er an die gebratenen Keulen und die Soße dachte.

„Oh, du bist endlich aufgewacht, oder?" sagte Sam.

Der dicke Junge nickte.

„Ich sage dir, was es ist, junger Boa-Konstrukteur", sagte Herr Weller eindrucksvoll, „wenn du nicht ein bisschen weniger schläfst und ein bisschen mehr Sport treibst, wirst du ein Mann, den du schlägst." Seien Sie den gleichen persönlichen Unannehmlichkeiten ausgesetzt, die dem alten Herrn zugefügt wurden, der den Zopf trug.

„Was haben sie mit ihm gemacht?" fragte der dicke Junge mit stockender Stimme.

„Ich werde es Ihnen sagen", antwortete Herr Weller; „Er war eines der größten Muster überhaupt – ein normaler dicker Mann, der seit fünfundvierzig Jahren keinen Blick auf seine eigenen Schuhe geworfen hatte."

„Herr!" rief Emma aus.

„Nein, das hat er nicht, mein Lieber", sagte Mr. Weller, „und wenn Sie ein genaues Modell seiner eigenen Beine vor ihm auf den Esstisch legen würden, hätte er sie nicht gekannt. Nun, er geht immer mit einer sehr hübschen goldenen Uhrenkette heraus, die etwa anderthalb Fuß lang ist, in sein Büro; und eine goldene Uhr in seiner Taschenuhr, so viel sie wert war – ich kann leider nicht sagen, wie viel, aber so viel wie eine Uhr sein kann –, ein großer, schwerer, runder Hersteller, der für eine Uhr genauso kräftig war, wie er für einen Mann war , und mit einem großen Gesicht im Verhältnis. „Diese Uhr solltest du besser nicht bei dir tragen", sagen die Freunde des alten Herrn, „dann wirst du ausgeraubt", sagen sie. 'Soll ich?' sagt er. „Ja, das wirst du", sagen sie. „Nun", sagt er, „ich würde gerne den Dieb sehen, der das hierher bringen könnte. Pass auf, denn ich bin gesegnet, wenn *ich* jemals kann; „Es ist so eng", sagt er, „und wenn ich wissen will, wie spät es ist, muss ich in die Bäckereien starren", sagt er. Nun, dann lacht er so herzlich, als würde er in Stücke gehen, und er geht wieder mit seinem gepuderten Kopf und Zopf raus und rollt den Strand hinunter, wobei die Kette weiter als je zuvor hängt, und das großartig Die runde Uhr ist fast durch seine grauen Kersey-Unterhosen geplatzt. Es gibt in ganz London keinen Taschendieb, der nicht an dieser Kette gezogen hätte, aber die Kette würde nie reißen, und die Uhr würde nie herauskommen, also wurden sie bald müde, eine so schwere alte Generation zu schleppen Ich lief auf dem Bürgersteig, und er ging nach Hause und lachte, bis der Zopf vibrierte wie das Pendel einer holländischen Uhr. Endlich, eines Tages rollte der alte Herr vorbei und sah einen Taschendieb, wie er es vom Sehen kannte, herbeikommen, Arm in Arm mit einem kleinen Jungen mit einem sehr großen Kopf. „Hier ist ein Spiel", sagt der alte Herr zu sich selbst, „sie wollen es noch einmal versuchen, aber es geht nicht." Also fängt er an, sehr herzhaft zu kichern, aber plötzlich lässt der kleine Junge den Arm des Taschendiebes los, stürzt sich kopfüber direkt in den Bauch des alten Herrn und krümmt ihn für einen Moment ganz zusammen mit dem Schmerz. 'Mord!' sagt der alte Herr. „In Ordnung, Sir", sagt der Taschendieb und flüstert ihm ins Ohr. Und als er gerade wiederkam, waren die Uhr und die Kette verschwunden, und was noch schlimmer war, die Verdauung des alten Herrn war von jeher bis zum allerletzten Tag seines Lebens völlig falsch; Also schau dich einfach um, junger Kerl, und pass auf, dass du nicht zu dick wirst."

Als Mr. Weller diese moralische Geschichte beendete, von der der dicke Junge sehr berührt schien, machten sich alle drei auf den Weg in die große Küche, in der sich die Familie mittlerweile versammelt hatte, wie es der alljährliche Brauch am Weihnachtsabend war, den die Alten befolgten Wardles Vorfahren seit jeher.

Von der Mitte der Decke dieser Küche hatte der alte Wardle gerade mit seinen eigenen Händen einen riesigen Mistelzweig aufgehängt, und dieserselbe Mistelzweig löste augenblicklich eine Szene allgemeinen und höchst entzückenden Ringens und Durcheinanders aus; Inmitten dessen nahm Mr. Pickwick mit einer Galanterie, die einem Nachkommen von Lady Tollimglower selbst Ehre gemacht hätte, die alte Dame bei der Hand, führte sie unter den mystischen Zweig und grüßte sie mit aller Höflichkeit und Anstand. Die alte Dame unterwarf sich diesem Stück praktischer Höflichkeit mit der ganzen Würde, die einer so wichtigen und ernsten Feierlichkeit gebührt, während die jüngeren Damen nicht so sehr von einer abergläubischen Verehrung des Brauchs durchdrungen waren oder sich einbildeten, dass der Wert eines Grußes sehr groß sei viel besser, wenn es ein wenig Mühe kostete, es zu bekommen, schrie und kämpfte und rannte in die Ecken und drohte und machte Vorwürfe und tat alles, außer den Raum zu verlassen, bis einige der weniger abenteuerlustigen Herren im Begriff waren, damit aufzuhören Sie alle fanden es auf einmal sinnlos, sich noch länger zu widersetzen, und ließen sich voller Anmut küssen. Mr. Winkle küsste die junge Dame mit den schwarzen Augen, und Mr. Snodgrass küsste Emily; und Mr. Weller, der nicht besonders darauf bedacht war, unter dem Mistelzweig zu sein, küsste Emma und die anderen weiblichen Diener, gerade als er sie erwischte. Was die armen Verwandten betrifft, so küssten sie jeden, nicht einmal den schlichteren Teil der jungen Besucherinnen, die in ihrer übermäßigen Verwirrung direkt unter den Mistelzweig rannten, als er aufgehängt war, ohne es zu wissen! Wardle stand mit dem Rücken zum Feuer und betrachtete mit größter Befriedigung die ganze Szene; und der dicke Junge nutzte die Gelegenheit, eine besonders feine Hackfleischpastete, die sorgfältig für jemand anderen zubereitet worden war, für sich zu nutzen und kurzerhand zu verschlingen.

Jetzt hatte das Geschrei nachgelassen, und die Gesichter glühten und die Locken waren wirr, und nachdem Mr. Pickwick, wie bereits erwähnt, die alte

Dame geküsst hatte, stand er unter dem Mistelzweig und blickte mit einem sehr erfreuten Gesichtsausdruck auf alles, was vor sich ging um ihn herum, als die junge Dame mit den schwarzen Augen, nachdem sie ein wenig mit den anderen jungen Damen geflüstert hatte, plötzlich einen Satz nach vorne machte, ihren Arm um Mr. Pickwicks Hals legte und ihn liebevoll auf der linken Wange begrüßte; und bevor Mr. Pickwick genau wusste, was los war, war er von allen umzingelt und von jedem von ihnen geküsst.

Es war eine angenehme Sache, Mr. Pickwick in der Mitte der Gruppe zu sehen, wie er mal hin und her gezogen wurde und erst auf das Kinn, dann auf die Nase und dann auf die Brille küsste, und das Geläut von zu hören Gelächter, das von allen Seiten laut wurde; Aber es war noch angenehmer zu sehen, wie Mr. Pickwick, kurz darauf geblendet, mit einem seidenen Taschentuch, gegen die Wand fiel, in Ecken kroch und alle Geheimnisse des Blindenbuffs mit aller Kraft durchging genoss das Spiel, bis er schließlich einen der armen Verwandten erwischte; und musste dann dem Blinden selbst ausweichen, was er mit einer Gewandtheit und Gewandtheit tat, die die Bewunderung und den Applaus aller Betrachter hervorrief. Die armen Verwandten erwischten nur die Leute, von denen sie dachten, dass es ihnen gefallen würde; und als das Spiel nachließ, wurden sie selbst erwischt. Als sie alle genug vom Blindenmännchenbuff hatten, gab es ein tolles Löwenmaulspiel, und als sich dabei genug Finger verbrannt hatten und alle Rosinen verschwunden waren, setzten sie sich an das große Feuer aus lodernden Holzscheiten zu einem ausgiebigen Abendessen, und eine mächtige Schale mit Wassail, etwas kleiner als ein gewöhnlicher Waschhauskupfer, in der die heißen Äpfel mit einem satten Aussehen und einem fröhlichen Klang zischten und blubberten, die absolut unwiderstehlich waren.

„Das", sagte Mr. Pickwick und sah sich um, „das ist tatsächlich ein Trost."

„Unser unveränderlicher Brauch", antwortete Mr. Wardle. „Alle sitzen am Heiligabend zu uns, wie Sie sie jetzt sehen – Diener und alles; und hier warten wir, bis die Uhr zwölf schlägt, um Weihnachten einzuläuten, und vertreiben uns die Zeit mit Vergnügungen und alten Geschichten. Trundle, mein Junge, schüre das Feuer."

Die hellen Funken flogen in Myriaden hoch, als die Holzscheite bewegt wurden, und die tiefrote Flamme sandte einen satten Glanz aus, der bis in die hinterste Ecke des Raumes vordrang und seine fröhliche Farbe auf jedes Gesicht warf.

„Komm", sagte Wardle, „ein Lied – ein Weihnachtslied. Ich gebe dir eins, anstelle eines besseren."

„Bravo", sagte Herr Pickwick.

„Tanken", rief Wardle. „Es wird gut zwei Stunden dauern, bis Sie den Boden der Schüssel durch die tiefe, satte Farbe des Wassail sehen können; Füllen Sie alles auf, und jetzt kommt das Lied."

Mit diesen Worten begann der fröhliche alte Herr mit guter, runder und kräftiger Stimme ohne weiteres:

EIN WEIHNACHTSLIED

Der Frühling ist mir egal; auf seinem wankelmütigen Flügel

Lass die Blüten und Knospen getragen werden:

Er wirbt sie weiterhin mit seinem tückischen Regen,

Und er zerstreut sie vor dem Morgen.

Ein unbeständiger Elf, er kennt sich selbst nicht,

Oder seine eigene veränderte Meinung eine Stunde lang,

Er wird dir ins Gesicht lächeln und mit ironischer Grimasse

Er wird deine jüngste Blume verwelken.

Lass die Sommersonne zu seinem hellen Zuhause laufen,

Er wird niemals von mir gesucht werden;

Wenn er von einer Wolke geblendet wird, kann ich laut lachen,

Und es ist ihm egal, wie schmollend er ist;

Für sein geliebtes Kind ist der Wahnsinn wild

Dass Sportarten im Zuge heftigen Fiebers;

Und wenn die Liebe zu stark ist, dauert sie nicht lange,

Wie viele zu ihrem Schmerz herausgefunden haben.

Eine laue Erntenacht, im ruhigen Licht

Vom bescheidenen und sanften Mond,

Hat für mich einen weitaus süßeren Glanz, glaube ich,

Als der breite und unerrötende Mittag.

Aber jedes Blatt weckt meine Trauer,

Wie es unter dem Baum liegt;

Also lass die Herbstluft noch nie so schön sein,

Es stimmt mir keineswegs zu.

Aber mein Lied trolle ich zum WEIHNACHTSFEST ,

Das Herzhafte, das Wahre und das Kühne;

Eine Stoßstange, die ich entleere, und zwar mit aller Macht

Ein Hoch auf diesen Weihnachtsmann.

Wir werden ihn mit fröhlichem Lärm hereinführen

Das wird sein freudiges Herz erfreuen,

Und wir halten ihn wach, solange es etwas zu essen oder zu essen gibt,

Und in guter Gemeinschaft werden wir uns trennen.

In seinem feinen, ehrlichen Stolz verschmäht er es, sich zu verstecken

Ein Jota seiner wetterbedingten Narben;

Sie sind keine Schande, denn es gibt im Großen und Ganzen die gleiche Spur

Auf den Wangen unserer tapfersten Tars.

Dann wieder singe ich, bis das Dach klingelt,

Und es hallt von Wand zu Wand –

An den dicken alten Wight, herzlich willkommen heute Abend,

Als König der Jahreszeiten!

Dieses Lied erhielt stürmischen Beifall, denn Freunde und Angehörige stellen ein großes Publikum dar; und besonders die armen Verwandten befanden sich in vollkommener Verzückung. Wieder wurde das Feuer neu entfacht, und das Wassersegel drehte sich erneut.

„Wie es schneit!" sagte einer der Männer mit leiser Stimme.

„Schneit, oder?" sagte Wardle.

„Raue, kalte Nacht, Sir", antwortete der Mann; „Und es weht ein Wind, der es in einer dicken weißen Wolke über die Felder treibt."

„Was sagt Jem?" fragte die alte Dame. „Da ist doch nichts los, oder?"

„Nein, nein, Mutter", antwortete Wardle; „Er sagt, es gäbe eine Schneewehe und einen Wind, der durchdringend kalt ist. Das müsste ich wissen, denn so wie es im Schornstein rumpelt."

"Ah!" sagte die alte Dame, „ich erinnere mich, dass es vor vielen Jahren so einen Wind und so einen Schneefall gab – nur fünf Jahre bevor dein armer

Vater starb. Es war auch ein Heiligabend; und ich erinnere mich, dass er uns noch am selben Abend die Geschichte von den Kobolden erzählte, die den alten Gabriel Grub entführten."

„Die Geschichte worüber?" sagte Herr Pickwick.

„Oh, nichts – nichts", antwortete Wardle. „Über einen alten Küster, von dem die guten Leute hier unten annehmen, dass er von Kobolden verschleppt wurde."

"Vermuten!" rief die alte Dame. „Gibt es jemanden, der hart genug ist, es nicht zu glauben? Vermuten! Hast du seit deiner Kindheit nicht gehört, dass er von den Kobolden weggetragen *wurde*, und weißt du nicht, dass er es war?"

„Sehr gut, Mutter, das war er, wenn Sie so wollen", sagte Wardle lachend. „Er *wurde* von Kobolden weggetragen, Pickwick; und damit ist die Sache erledigt."

„Nein, nein", sagte Mr. Pickwick, „es ist kein Ende, das versichere ich Ihnen; denn ich muss hören, wie und warum und alles darüber."

Wardle lächelte, als alle Köpfe nach vorne geneigt waren, um zuzuhören; und indem er mit ungemütlicher Hand das Wassail ausfüllte, nickte er Mr. Pickwick zu und begann wie folgt:

Aber segne unser Redaktionsherz, in was für ein langes Kapitel wurden wir verraten! Wir haben all diese kleinen Einschränkungen wie Kapitel völlig vergessen, erklären wir feierlich. Hier geht es also darum, dem Goblin einen fairen Start in ein neues zu ermöglichen. Eine freie Bühne und kein Gefallen für die Kobolde, meine Damen und Herren, bitte.

KAPITEL II

DIE GESCHICHTE DER GOBLINS, DIE EINEN SEXTON GESTOHLEN HABEN

„In einer alten Abteistadt, unten in diesem Teil des Landes, war es vor langer, langer Zeit – so lange her, dass die Geschichte wahr sein muss, weil unsere Urgroßväter sie bedingungslos geglaubt haben – als Küster und Totengräber tätig im Kirchhof ein gewisser Gabriel Grub. Daraus folgt keineswegs, dass ein Mann, weil er ein Küster ist und ständig von Symbolen der Sterblichkeit umgeben ist, ein mürrischer und melancholischer Mann sein sollte; Ihre Leichenbestatter sind die fröhlichsten Kerle der Welt, und ich hatte einmal die Ehre, mit einem Stummen in intimem Umgang zu sein, der im Privatleben und in seiner Freizeit ein ebenso komischer und scherzhafter kleiner Kerl war, wie er nur Teufelskerl zwitscherte -Care-Song, ohne dass er sich erinnern konnte, oder er trank ein gutes, steifes Glas Grog, ohne eine Pause einzulegen, um Luft zu holen. Aber ungeachtet dieser gegenteiligen Präzedenzfälle war Gabriel Grub ein schlecht konditionierter, widerspenstiger, mürrischer Kerl – ein mürrischer und einsamer Mann, der nur mit sich selbst und einer alten Korbflasche verkehrte, die in seine große, tiefe Westentasche passte; und der jedes fröhliche Gesicht, das an ihm vorbeiging, mit einem so tiefen finsteren Blick voller Bosheit und Missmut betrachtete, dass es schwierig war, ihm zu begegnen, ohne etwas Schlimmeres zu empfinden.

„Kurz vor Einbruch der Dunkelheit eines Heiligabends schulterte Gabriel seinen Spaten, zündete seine Laterne an und machte sich auf den Weg zum alten Kirchhof, denn er hatte bis zum nächsten Morgen ein Grab fertigzustellen, und da er sich sehr deprimiert fühlte, dachte er, dass es sein Grab erhöhen würde wenn er seine Arbeit sofort fortsetzte. Als er die alte Straße hinaufging, sah er das fröhliche Licht der lodernden Feuer durch die alten Fensterfenster schimmern und hörte das laute Lachen und die fröhlichen Rufe derer, die sich um sie versammelt hatten; Er beobachtete die geschäftigen Vorbereitungen für die gute Laune am nächsten Tag und roch die zahlreichen wohlschmeckenden Düfte, die sich daraus ergaben, als sie in

Wolken aus den Küchenfenstern aufstiegen. All dies war für Gabriel Grub Galle und Wermut; und als Gruppen von Kindern aus den Häusern sprangen, über die Straße stolperten und, bevor sie an die gegenüberliegende Tür klopfen konnten, ein halbes Dutzend kleiner, lockiger Schurken auf sie trafen, die sich um sie drängten, während sie die Treppe hinaufströmten, um das zu verbringen Abends bei ihren Weihnachtsspielen lächelte Gabriel grimmig und umklammerte den Stiel seines Spatens mit festerem Griff, während er an Masern, Scharlach, Soor, Keuchhusten und viele andere Trostquellen dachte.

„In dieser glücklichen Stimmung schritt Gabriel weiter und erwiderte mit einem kurzen, mürrischen Knurren die gut gelaunten Grüße seiner Nachbarn, die ab und zu an ihm vorbeikamen, bis er in die dunkle Gasse einbog, die zum Kirchhof führte . Jetzt hatte Gabriel sich darauf gefreut, die dunkle Gasse zu erreichen, denn im Allgemeinen war es ein schöner, düsterer, trauriger Ort, in den die Städter nur am helllichten Tag und wenn die Sonne schien, gerne gingen; Deshalb war er nicht wenig empört, als er hörte, wie ein junger Bengel in diesem Heiligtum, das seit den Tagen der alten Abtei und der Zeit der Glatzköpfigen Coffin Lane genannt wurde, ein fröhliches Lied über frohe Weihnachten brüllte Mönche. Als Gabriel weiterging und die Stimme näher kam, stellte er fest, dass sie von einem kleinen Jungen kam, der eilig vorbeikam, um sich einer der kleinen Partys in der alten Straße anzuschließen, und der teils um sich Gesellschaft zu leisten, teils um sich vorzubereiten Er war zu diesem Anlass selbst dabei und schrie das Lied aus voller Kehle. Also wartete Gabriel, bis der Junge auf ihn zukam, dann drängte er ihn in eine Ecke und schlug ihm fünf oder sechs Mal mit seiner Laterne auf den Kopf, nur um ihm beizubringen, seine Stimme zu modulieren. Und als der Junge mit der Hand an den Kopf davoneilte und eine ganz andere Melodie sang, kicherte Gabriel Grub sehr herzlich, betrat den Kirchhof und schloss das Tor hinter sich ab.

Als er die alte Straße hinaufging, sah er das fröhliche Licht der lodernden Feuer.

„Er zog seinen Mantel aus, stellte seine Laterne ab, ging in das unvollendete Grab und arbeitete etwa eine Stunde lang mit gutem Willen daran. Aber die Erde war durch den Frost verhärtet, und es war nicht leicht, sie aufzubrechen und auszuschaufeln; und obwohl es einen Mond gab, war er noch sehr jung und warf wenig Licht auf das Grab, das im Schatten der Kirche lag. Zu jeder anderen Zeit hätten diese Hindernisse Gabriel Grub sehr launisch und unglücklich gemacht, aber er war so erfreut darüber, dass er den Gesang des kleinen Jungen gestoppt hatte, dass er sich kaum um die dürftigen Fortschritte kümmerte, die er gemacht hatte, und in das Grab hinunterblickte Als er mit der Arbeit für die Nacht fertig war, murmelte er mit grimmiger Befriedigung, während er seine Sachen zusammenpackte:

Mutige Unterkunft für einen, mutige Unterkunft für einen,

Ein paar Meter kalte Erde, wenn das Leben vorbei ist;

Ein Stein am Kopf, ein Stein an den Füßen,

Eine reichhaltige, saftige Mahlzeit für die Würmer;

Gras über dem Kopf verteilen und feuchten Lehm ringsum,

Eine mutige Unterkunft für einen, diese, auf heiligem Boden!

„„Ho! ho!' lachte Gabriel Grub, als er sich auf einen flachen Grabstein setzte, der sein Lieblingsruheplatz war, und seine Korbflasche hervorholte. „Ein Sarg zu Weihnachten – eine Weihnachtsschachtel." Ho! ho! ho!'

„„Ho! ho! ho!' wiederholte eine Stimme, die dicht hinter ihm ertönte.

„Gabriel hielt erschrocken inne, während er gerade die Weidenflasche an seine Lippen hob, und blickte sich um. Der Boden des ältesten Grabes um ihn herum war nicht stiller und ruhiger als der Kirchhof im blassen Mondlicht. Der kalte Raureif glitzerte auf den Grabsteinen und funkelte wie Edelsteinreihen zwischen den Steinmetzarbeiten der alten Kirche. Der Schnee lag hart und knusprig auf dem Boden und breitete sich über die dicht verstreuten Erdhügel aus, eine so weiße und glatte Decke, dass es schien, als lägen dort Leichen, nur von ihren gewundenen Laken verdeckt. Nicht das leiseste Rascheln unterbrach die tiefe Ruhe der feierlichen Szene. Der Klang selbst schien eingefroren zu sein, alles war so kalt und still.

„„Es waren die Echos', sagte Gabriel Grub und hob die Flasche wieder an seine Lippen.

„„Das war es *nicht*', sagte eine tiefe Stimme.

„Gabriel sprang auf und blieb vor Erstaunen und Schrecken wie angewurzelt stehen; denn seine Augen ruhten auf einer Gestalt, die ihm das Blut in den Adern gefrieren ließ.

„Auf einem aufrechten Grabstein, in seiner Nähe, saß eine seltsame, überirdische Gestalt, von der Gabriel sofort spürte, dass sie kein Wesen von dieser Welt war. Seine langen, fantastischen Beine, die bis zum Boden hätten reichen können, waren auf eine wunderliche, fantastische Art und Weise angewinkelt und gekreuzt; seine sehnigen Arme waren nackt und seine Hände ruhten auf seinen Knien. Auf seinem kurzen, runden Körper trug er eine enge, mit kleinen Schlitzen verzierte Decke; und ein kurzer Umhang baumelte an seinem Rücken; der Kragen war in seltsame Spitzen geschnitten, die dem Kobold anstelle einer Halskrause oder eines Halstuchs dienten; und seine Schuhe rollten sich an den Zehen zu langen Spitzen zusammen. Auf dem Kopf trug er einen breitkrempigen Zuckerhut, der mit einer einzelnen Feder geschmückt war. Der Hut war mit weißem Reif bedeckt, und der Kobold sah aus, als hätte er zwei- oder dreihundert Jahre lang sehr bequem auf demselben Grabstein gesessen. Er saß vollkommen still; seine Zunge war wie zum Spott herausgestreckt; und er grinste Gabriel Grub mit einem solchen Grinsen an, wie es nur ein Kobold hervorrufen konnte.

„„Es waren *nicht* die Echos', sagte der Kobold.

„Gabriel Grub war wie gelähmt und konnte keine Antwort geben.

„„Was macht man hier am Heiligabend?' sagte der Kobold streng.

„„Ich bin gekommen, um ein Grab auszuheben, Sir‘, stammelte Gabriel
Grub.

Gabriel fuhr auf und blieb vor Erstaunen und Schrecken wie angewurzelt stehen.

„„Welcher Mensch wandert in einer Nacht wie dieser zwischen Gräbern und
Kirchhöfen umher?' sagte der Kobold.

„'Gabriel Grub! Gabriel Grub!' schrie ein wilder Chor von Stimmen, der den
Kirchhof zu erfüllen schien. Gabriel sah sich ängstlich um – nichts war zu
sehen.

„„Was hast du in dieser Flasche?' sagte der Kobold.

„„Hollands, Sir‘, antwortete der Küster und zitterte mehr denn je; denn er hatte es von den Schmugglern gekauft und dachte, dass sein Fragesteller vielleicht in der Zollabteilung der Kobolde sei.

„'Wer trinkt Hollands allein und auf einem Kirchhof an einem Abend wie diesem?' sagte der Kobold.

„'Gabriel Grub! Gabriel Grub!' riefen die wilden Stimmen erneut.

„Der Kobold warf dem verängstigten Küster einen bösen Blick zu, dann erhob er seine Stimme und rief …“

„'Und wer ist dann unser gerechter und rechtmäßiger Preis?'

„Auf diese Frage antwortete der unsichtbare Chor in einer Stimme, die wie die Stimmen vieler Chorsänger klang, die zum mächtigen Anschwellen der alten Kirchenorgel sangen – eine Stimme, die von einem sanften Wind in die Ohren des Küsters getragen zu werden schien und als würde er verklingen sein sanfter Atem ging weiter – aber die Last der Antwort war immer noch dieselbe: „Gabriel Grub!“ Gabriel Grub!'

„Der Kobold grinste breiter als zuvor, als er sagte: ,Nun, Gabriel, was sagst du dazu?‘

„Der Küster schnappte nach Luft.

„„Was hältst du davon, Gabriel?' sagte der Kobold, hob seine Füße zu beiden Seiten des Grabsteins in die Luft und betrachtete die umgedrehten Spitzen mit so viel Selbstgefälligkeit, als hätte er über das modischste Paar Gummistiefel in der ganzen Bond Street nachgedacht.

„„Es ist – es ist – sehr merkwürdig, Herr“, antwortete der Küster, halb tot vor Schreck, „sehr merkwürdig und sehr hübsch, aber ich denke, ich gehe zurück und beende meine Arbeit, wenn es Ihnen recht ist.“

„'Arbeiten!' sagte der Kobold, „welche Arbeit?“

„„Das Grab, Herr, macht das Grab‘, stammelte der Küster.

„'Oh, das Grab, was?' sagte der Kobold, „wer macht Gräber zu einer Zeit, in der alle anderen fröhlich sind, und hat Freude daran?“

„Wieder antworteten die geheimnisvollen Stimmen: ,Gabriel Grub!‘ Gabriel Grub!'

„„Ich fürchte, meine Freunde wollen dich, Gabriel‘, sagte der Kobold und schob seine Zunge tiefer in seine Wange als je zuvor – und es war eine höchst erstaunliche Zunge. ,Ich fürchte, meine Freunde wollen dich, Gabriel‘, sagte er der Kobold.

„'Unter Gunst, Sir', antwortete der entsetzte Küster, 'ich glaube nicht, dass sie das können, Sir; Sie kennen mich nicht, Sir, ich glaube nicht, dass die Herren mich jemals gesehen haben, Sir.'

„„Oh ja, das haben sie', antwortete der Kobold; „Wir kennen den Mann mit dem mürrischen Gesicht und dem grimmigen finsteren Blick, der heute Abend die Straße herunterkam, seine bösen Blicke auf die Kinder warf und seinen Grabspaten noch fester umklammerte. Wir kennen den Mann, der den Jungen in der neidischen Bosheit seines Herzens schlug, weil der Junge fröhlich sein konnte und er nicht. Wir kennen ihn, wir kennen ihn.'

„Hier stieß der Kobold ein lautes, schrilles Lachen aus, das das Echo zwanzigfach wiederholte, und er warf seine Beine in die Luft und stellte sich auf den Kopf, oder besser gesagt, auf die Spitze seines Zuckerhuts, auf dessen schmale Kante der Grabstein, von dem aus er mit außergewöhnlicher Geschicklichkeit ein Sommerset direkt zu den Füßen des Küsters warf, auf dem er sich in der Haltung niederließ, in der Schneider gewöhnlich auf dem Schaubrett sitzen.

„„Ich – ich – fürchte, ich muss Sie verlassen, Sir', sagte der Küster und versuchte, sich zu bewegen.

"'Verlasse uns!' sagte der Kobold, „Gabriel Grub wird uns verlassen." Ho! ho! ho!'

„Während der Kobold lachte, bemerkte der Küster für einen Moment eine strahlende Beleuchtung in den Fenstern der Kirche, als ob das ganze Gebäude erleuchtet wäre; Es verschwand, die Orgel erklang mit lebhaftem Klang, und ganze Scharen von Kobolden, genau das Gegenstück zum ersten, strömten in den Kirchhof und begannen, mit den Grabsteinen im Sprung zu spielen, ohne auch nur einen Augenblick innezuhalten Atem, aber überwältigte die höchsten unter ihnen, einen nach dem anderen, mit der wunderbarsten Geschicklichkeit. Der erste Kobold war ein erstaunlicher Springer, und keiner der anderen konnte an ihn herankommen; Sogar im äußersten Schrecken konnte der Küster nicht umhin zu bemerken, dass, während seine Freunde damit zufrieden waren, über die Grabsteine von gewöhnlicher Größe zu springen, der Erste die Familiengruft, das Eisengeländer und alles mit der gleichen Leichtigkeit eroberte, als ob sie es getan hätten Es gab so viele Straßenposts.

„Endlich erreichte das Spiel einen höchst spannenden Höhepunkt; Die Orgel spielte immer schneller, und die Kobolde sprangen immer schneller, rollten sich zusammen, rollten Hals über Kopf auf dem Boden und sprangen wie Fußbälle über die Grabsteine. Das Gehirn des Küsters wirbelte mit der Geschwindigkeit der Bewegung, die er sah, herum, und seine Beine schwankten unter ihm, während die Geister vor seinen Augen flogen, als der Koboldkönig plötzlich auf ihn zustürmte, seine Hand auf seinen Kragen legte und mit ihm durch sank die Erde.

„Als Gabriel Grub Zeit hatte, zu Atem zu kommen, was ihm die Schnelligkeit seines Abstiegs für einen Moment genommen hatte, fand er sich in einer scheinbar großen Höhle wieder, die von allen Seiten von Scharen hässlicher und grimmiger Kobolde umgeben war; In der Mitte des Raumes saß auf einem erhöhten Sitz sein Freund vom Kirchhof; und dicht neben ihm stand Gabriel Grub selbst, ohne die Kraft, sich zu bewegen.

„‚Kalt heute Nacht‘, sagte der König der Kobolde, ‚sehr kalt. Hier ein Glas etwas Warmes.'

„Auf diesen Befehl hin verschwanden ein halbes Dutzend dienstfreudiger Kobolde mit einem ständigen Lächeln im Gesicht, die Gabriel Grub aus diesem Grund für Höflinge hielt, eilig und kehrten bald darauf mit einem Kelch mit flüssigem Feuer zurück, den sie dem König überreichten .

„'Ah!' sagte der Kobold, dessen Wangen und Kehle ganz durchsichtig waren, als er die Flamme hinunterwarf: „Das wärmt wirklich: Bringen Sie eine Stoßstange davon für Herrn Grub.“

„Es war vergeblich, dass der unglückliche Küster protestierte, dass er nicht die Angewohnheit habe, nachts etwas Warmes zu sich zu nehmen; Denn einer der Kobolde hielt ihn fest, während ein anderer die glühende Flüssigkeit

in seine Kehle goss, und die ganze Versammlung kreischte vor Lachen, als
er hustete und würgte und sich die Tränen abwischte, die reichlich aus seinen
Augen strömten, nachdem er den brennenden Trank geschluckt hatte.

„‚Und nun‘, sagte der König und steckte dem Küster phantastisch die spitze
Spitze seines Zuckerhuts ins Auge und verursachte ihm dadurch den größten
Schmerz – ‚Und nun zeige dem Mann des Elends und der Finsternis ein paar
davon Bilder aus unserem eigenen großen Lagerhaus.'

„Als der Kobold dies sagte, rollte eine dicke Wolke, die das andere Ende der
Höhle verdeckte, allmählich davon und enthüllte, offenbar in großer
Entfernung, eine kleine und spärlich möblierte, aber ordentliche und saubere
Wohnung. Um ein helles Feuer versammelte sich eine Schar kleiner Kinder,
die sich an das Kleid ihrer Mutter klammerten und um ihren Stuhl
herumtollten. Die Mutter stand gelegentlich auf und zog den Fenstervorhang
beiseite, als wolle sie nach einem erwarteten Gegenstand Ausschau halten;
Auf dem Tisch war eine einfache Mahlzeit ausgebreitet, und neben dem
Feuer stand ein Sessel. Es klopfte an der Tür: Die Mutter öffnete, und die
Kinder drängten sich um sie und klatschten vor Freude in die Hände, als ihr
Vater eintrat. Er war nass und müde und schüttelte den Schnee von seinen
Kleidern, während die Kinder sich um ihn drängten, seinen Mantel, seinen
Hut, seinen Stock und seine Handschuhe packten und mit geschäftigem
Eifer mit ihnen aus dem Zimmer rannten. Als er sich dann zum Essen vor
das Feuer setzte, kletterten die Kinder um seine Knie, und die Mutter saß an
seiner Seite, und alles schien Glück und Trost zu sein.

„Aber die Aussicht veränderte sich fast unmerklich. Die Szene wurde in ein
kleines Schlafzimmer verwandelt, in dem das schönste und jüngste Kind im
Sterben lag; die Rosen waren von seiner Wange geflohen und das Licht aus
seinen Augen; Und gerade als der Küster ihn mit einem Interesse ansah, das
er noch nie zuvor gespürt oder gekannt hatte, starb er. Seine jungen Brüder
und Schwestern drängten sich um sein kleines Bett und ergriffen seine kleine
Hand, die so kalt und schwer war; aber sie schreckten vor seiner Berührung
zurück und blickten voller Ehrfurcht auf sein kindliches Gesicht; Denn so
ruhig und friedlich es auch war und wie ruhig und friedlich das schöne Kind
schlief, sahen sie, dass es tot war, und sie wussten, dass es ein Engel war, der
aus strahlender und glücklicher Perspektive auf sie herabblickte und sie
segnete Himmel."

Wieder zog die Lichtwolke über das Bild, und wieder wechselte das Motiv. Der Vater und die Mutter waren jetzt alt und hilflos, und die Zahl ihrer Mitmenschen hatte sich um mehr als die Hälfte verringert; aber Zufriedenheit und Fröhlichkeit standen auf jedem Gesicht und strahlten in jedem Auge, als sie sich um den Kamin drängten und alte Geschichten aus früheren und vergangenen Tagen erzählten und ihnen zuhörten. Langsam und friedlich sank der Vater ins Grab, und bald darauf folgte ihm der Teilhaber all seiner Sorgen und Nöte an einen Ort der Ruhe und des Friedens. Die wenigen, die sie noch überlebten, knieten neben ihrem Grab und benetzten den grünen Rasen, der es bedeckte, mit ihren Tränen; dann standen sie auf und wandten sich traurig und traurig ab, aber nicht mit bitteren Schreien oder verzweifelten Wehklagen, denn sie wussten, dass sie sich eines Tages wiedersehen würden; und wieder vermischten sie sich mit der geschäftigen Welt, und ihre Zufriedenheit und Fröhlichkeit wurden wiederhergestellt. Die Wolke senkte sich über das Bild und verbarg es vor den Blicken des Küsters.

'"Was halten Sie davon ?' sagte der Kobold und wandte sein großes Gesicht Gabriel Grub zu.

„Gabriel murmelte etwas darüber, dass es sehr hübsch sei, und sah etwas beschämt aus, als der Kobold seine feurigen Augen auf ihn richtete.

„' *Du bist* ein elender Mann!' sagte der Kobold in einem Ton übermäßiger Verachtung. 'Du!' Er schien geneigt zu sein, noch mehr hinzuzufügen, aber die Empörung erstickte seine Worte, also hob er eines seiner sehr biegsamen Beine an, schwenkte es ein wenig über seinen Kopf, um sich seiner Hilfe zu versichern, und versetzte Gabriel Grub einen kräftigen Tritt; Unmittelbar danach drängten sich alle lauernden Kobolde um den elenden Küster und traten ihn gnadenlos, gemäß dem etablierten und unveränderlichen Brauch der Höflinge auf Erden, die jeden treten, den das Königshaus tritt, und wen umarmen, wen das Königshaus umarmt.

„‚Zeig ihm noch mehr‘, sagte der König der Kobolde.

„Bei diesen Worten löste sich die Wolke wieder auf und eine reiche und wunderschöne Landschaft offenbarte sich dem Blick – genau so eine andere gibt es bis heute, nur eine halbe Meile von der alten Abteistadt entfernt. Die Sonne schien vom klaren blauen Himmel, das Wasser glitzerte unter seinen Strahlen, und die Bäume sahen grüner und die Blumen fröhlicher aus unter seinem aufmunternden Einfluss. Das Wasser plätscherte mit einem angenehmen Geräusch, die Bäume raschelten im leichten Wind, der in ihren Blättern murmelte, die Vögel sangen auf den Zweigen und die Lerche sang in der Höhe, um den Morgen willkommen zu heißen. Ja, es war Morgen, der helle, milde Morgen des Sommers; Das kleinste Blatt, der kleinste Grashalm war voller Lebensinstinkt. Die Ameise kroch zu ihrer täglichen Arbeit, der Schmetterling flatterte und sonnte sich in den warmen Sonnenstrahlen; Unzählige Insekten breiteten ihre durchsichtigen Flügel aus und genossen ihr kurzes, aber glückliches Dasein. Der Mann ging hinaus, begeistert von der Szene; und alles war Glanz und Pracht.

„‚ *Du bist* ein elender Mann!‘ sagte der König der Kobolde in einem verächtlicheren Ton als zuvor. Und wieder ließ der König der Kobolde sein Bein schwingen; wieder fiel es auf die Schultern des Küsters; und wieder ahmten die anwesenden Kobolde das Beispiel ihres Häuptlings nach.

Eine reiche und wunderschöne Landschaft offenbarte sich dem Betrachter.

„Viele Male ging und kam die Wolke, und sie lehrte Gabriel Grub viele Lektionen, der, obwohl seine Schultern vor Schmerzen schmerzten, weil er die Füße des Kobolds häufig darauf berührte, mit einem Interesse zusah, das durch nichts gemindert werden konnte. Er sah, dass Männer, die hart arbeiteten und ihr spärliches Brot mit einem Leben voller Arbeit verdienten, fröhlich und glücklich waren; und dass das süße Gesicht der Natur für die Unwissendsten eine nie versiegende Quelle der Heiterkeit und Freude war. Er sah diejenigen, die sorgfältig genährt und zärtlich erzogen worden waren, fröhlich unter Entbehrungen und dem Leiden überlegen, das viele gröbere Körnchen zermalmt hätte, weil sie in ihrem eigenen Busen die Materialien des Glücks, der Zufriedenheit und des Friedens trugen. Er erkannte, dass Frauen, das zarteste und zerbrechlichste aller Geschöpfe Gottes, Kummer, Widrigkeiten und Bedrängnis am meisten überlegen waren; und er sah, dass es daran lag, dass sie in ihren eigenen Herzen eine unerschöpfliche Quelle der Zuneigung und Hingabe trugen. Vor allem sah er, dass Männer wie er, die über die Fröhlichkeit und Fröhlichkeit anderer knurrten, das übelste Unkraut auf der schönen Erdoberfläche waren; und als er alles Gute der Welt dem Bösen gegenüberstellte, kam er zu dem Schluss, dass es sich letztlich um eine sehr anständige und respektable Welt handelte. Kaum hatte er es gebildet, schien sich die Wolke, die sich über dem letzten Bild geschlossen hatte, auf seine Sinne niederzulassen und ihn zur Ruhe zu wiegen. Einer nach dem anderen verschwanden die Kobolde aus seinem Blickfeld, und als der letzte verschwand, schlief er ein.“

Der Tag war angebrochen, als Gabriel Grub erwachte und sich in voller Länge auf dem flachen Grabstein im Kirchhof liegen sah, neben ihm die leere Weidenflasche und sein Mantel, sein Spaten und seine Laterne, alles schön weiß von der Kerze Der Frost der letzten Nacht, verstreut auf dem Boden. Der Stein, auf dem er den Kobold zum ersten Mal sitzen sah, stand kerzengerade vor ihm, und das Grab, an dem er in der Nacht zuvor gearbeitet hatte, war nicht weit entfernt. Zuerst begann er an der Realität seiner Abenteuer zu zweifeln, aber der starke Schmerz in seinen Schultern, als er versuchte aufzustehen, bestätigte ihm, dass das Treten der Kobolde sicherlich nicht ideal war. Er war wieder verblüfft, als er im Schnee, auf dem die Kobolde mit den Grabsteinen im Sprungsprung gespielt hatten, keine Spuren von Schritten bemerkte, aber er verstand diesen Umstand schnell, als ihm einfiel, dass sie als Geister keinen sichtbaren Eindruck hinterlassen würden . Also stand Gabriel Grub auf, so gut er konnte, wegen der Rückenschmerzen; Er wischte den Frost von seinem Mantel, zog ihn an und wandte sein Gesicht der Stadt zu.

Aber er war ein veränderter Mann, und er konnte den Gedanken nicht ertragen, an einen Ort zurückzukehren, an dem seine Reue verspottet und seine Reformation nicht geglaubt werden würde. Er zögerte einen Moment; und dann wandte er sich ab, um umherzuwandern, wohin er wollte, und woanders sein Brot zu suchen.

Die Laterne, der Spaten und die Korbflasche wurden an diesem Tag auf dem Kirchhof gefunden. Zunächst gab es viele Spekulationen über das Schicksal des Küsters, aber es stellte sich schnell heraus, dass er von den Kobolden verschleppt worden war; Und es fehlte nicht an einigen sehr glaubwürdigen Zeugen, die deutlich gesehen hatten, wie er auf dem Rücken eines einäugigen, kastanienbraunen Pferdes mit den Hinterbeinen eines Löwen und dem Schwanz eines Bären durch die Luft gewirbelt wurde. Schließlich glaubte man dies alles felsenfest; und der neue Küster pflegte den Neugierigen gegen ein geringes Entgelt ein großes Stück des Wetterhahns der Kirche zu zeigen, der von dem oben genannten Pferd bei seinem Flug in der Luft versehentlich abgestoßen und von ihm selbst auf dem Kirchhof aufgehoben worden war. ein oder zwei Jahre später.

„Leider wurden diese Geschichten etwas gestört durch das unerwartete Wiederauftauchen von Gabriel Grub selbst, etwa zehn Jahre später, eines zerlumpten, zufriedenen, rheumatischen alten Mannes. Er erzählte seine Geschichte dem Geistlichen und auch dem Bürgermeister; und im Laufe der Zeit wurde es als eine Angelegenheit der Geschichte rezipiert, in der es bis zum heutigen Tag fortbesteht. Die Gläubigen der Wetterfahnenmärchen, die einmal ihr Selbstvertrauen verloren hatten, ließen sich nicht so leicht dazu bewegen, sich wieder davon zu trennen, also sahen sie so weise aus, wie sie nur konnten, zuckten mit den Schultern, berührten ihre Stirn und murmelten etwas darüber, dass Gabriel Grub alles ausgetrunken habe die Hollands, und dann auf dem flachen Grabstein eingeschlafen; und sie gaben vor, zu erklären, was er angeblich in der Höhle des Kobolds gesehen hatte, indem sie sagten, er habe die Welt gesehen und sei klüger geworden. Aber diese Meinung, die zu keiner Zeit eine populäre war, verstummte allmählich; Und wie auch immer es sein mag, da Gabriel Grub bis zum Ende seiner Tage unter Rheuma litt, hat diese Geschichte zumindest eine Moral, wenn sie keine bessere lehrt – und zwar die, dass, wenn ein Mann mürrisch wird und vorbeitrinkt Wenn er sich in der Weihnachtszeit selbst verwöhnt, kann er sich dazu entschließen, kein bisschen besser zu sein, die Stimmung noch so gut zu lassen oder sie sogar um so viele Grad unübersehbar zu machen, wie die, die Gabriel Grub bei den Kobolden gesehen hat Höhle."

KAPITEL III

Wie die Pickwickianer die Bekanntschaft mit ein paar netten jungen Männern machten und pflegten, die einem der liberalen Berufe angehörten; Wie sie sich auf dem Eis vergnügten; Und wie ihr Besuch zu Ende ging.

„Nun, Sam", sagte Mr. Pickwick, als dieser bevorzugte Diener am Morgen des Weihnachtstages mit seinem warmen Wasser sein Schlafzimmer betrat, „Ist es immer noch frostig?"

„Das Wasser im Waschbecken ist eine Maske aus Eis, Sir", antwortete Sam.

„Unwetter, Sam", bemerkte Mr. Pickwick.

„Gute Zeit für sie, das ist gut verpackt, wie der Eisbär zu sich selbst sagte, als er sein Schlittschuhlaufen übte", antwortete Herr Weller.

„Ich werde in einer Viertelstunde unten sein, Sam", sagte Mr. Pickwick und band seine Nachtmütze auf.

„Sehr gut, Sir", antwortete Sam. „Da unten sind ein paar Sawbones."

„Ein paar was!" rief Mr. Pickwick und setzte sich im Bett auf.

„Ein paar Sawbones", sagte Sam.

„Was ist ein Sawbones?" fragte Mr. Pickwick, nicht ganz sicher, ob es sich um ein lebendes Tier oder um etwas zu essen handelte.

"Was! Wissen Sie nicht, was ein Sawbones ist, Sir?" fragte Herr Weller; „Ich dachte, jeder wüsste, dass ein Sawbones ein Chirurg ist."

„Oh, ein Chirurg, was?" sagte Mr. Pickwick mit einem Lächeln.

„Genau das, Sir", antwortete Sam. „Die hier und unten sind allerdings keine reinrassigen Sawbones; Sie sind nur im Training."

„Mit anderen Worten, es sind wohl Medizinstudenten?" sagte Herr Pickwick.

Sam Weller nickte zustimmend.

„Ich bin froh darüber", sagte Mr. Pickwick und warf energisch seine Nachtmütze auf die Bettdecke. „Sie sind gute Kerle; sehr gute Kerle, deren Urteile durch Beobachtung und Reflexion gereift sind; und der Geschmack wird durch Lesen und Lernen verfeinert. Ich bin sehr froh darüber."

„Sie rauchen Zigarren am Küchenfeuer", sagte Sam.

"Ah!" bemerkte Mr. Pickwick und rieb sich die Hände, „überströmt von freundlichen Gefühlen und tierischem Geist." Genau das, was ich gerne sehe!"

„Und einer auf ihnen", sagte Sam, ohne die Unterbrechung seines Herrn zu bemerken, „einer auf ihnen hat seine Beine auf dem Tisch und trinkt einen puren Brandy, abscheulich der andere – er in den Seepocken." – hat ein Fass voller Austern zwischen seinen Knien, die er aufreißt wie Dampf, und so schnell er sie auffrisst, zielt er mit den Schalen auf den jungen Wassersüchtigen, der tief und fest schläft Kaminecke."

„Geniale Exzentrizitäten, Sam", sagte Mr. Pickwick. „Sie können in Rente gehen."

Sam zog sich entsprechend zurück; und Herr Pickwick ging nach Ablauf der Viertelstunde zum Frühstück hinunter.

„Hier ist er endlich", sagte der alte Wardle. „Pickwick, das ist Miss Allens Bruder, Mr. Benjamin Allen – Ben nennen wir ihn, und das können Sie auch, wenn Sie möchten. Dieser Herr ist sein ganz besonderer Freund, Herr –"

"Herr. „Bob Sawyer", warf Herr Benjamin Allen ein, woraufhin Herr Bob Sawyer und Herr Benjamin Allen gemeinsam lachten.

Mr. Pickwick verneigte sich vor Bob Sawyer, und Bob Sawyer verneigte sich vor Mr. Pickwick; Bob und sein ganz besonderer Freund widmeten sich dann äußerst eifrig den Esswaren, die vor ihnen lagen; und Mr. Pickwick hatte Gelegenheit, einen Blick auf sie beide zu werfen.

Mr. Benjamin Allen war ein grobschlächtiger, kräftiger, stämmiger junger Mann mit eher kurz geschnittenem schwarzen Haar und einem eher lang geschnittenen weißen Gesicht. Er trug eine Brille und ein weißes Halstuch. Unter seinem einreihigen schwarzen Überrock, der bis zum Kinn zugeknöpft war, erschienen die übliche Anzahl pfeffer- und salzfarbener Beine, die in einem Paar unvollständig polierter Stiefel endeten. Obwohl die Ärmel seines Mantels kurz waren, ließ er keine Spur eines Leinenarmbandes erkennen; Und obwohl sein Gesicht so weit reichte, dass man das Vordringen eines Hemdkragens erkennen konnte, wurde es durch die kleinste Annäherung an dieses Glied nicht geschmückt. Er sah insgesamt eher schimmelig aus und verströmte einen wohlriechenden Geruch nach vollmundigem Cuban.

Mr. Bob Sawyer, der einen groben blauen Rock trug, der weder Übermantel noch Überrock war, sondern die Natur und Qualitäten von beiden aufwies, hatte diese Art von schlampiger Eleganz und prahlerischem Gang an sich, die jungen Menschen eigen ist Herren, die tagsüber auf der Straße rauchen, nachts schreien und schreien, Kellner beim Vornamen nennen und verschiedene andere Handlungen und Taten von ebenso scherzhafter Art begehen. Er trug eine karierte Hose und eine große grobe zweireihige Weste; und im Freien trug er einen dicken Stock mit einer großen Spitze. Er verzichtete auf Handschuhe und sah im Großen und Ganzen wie ein ausschweifender Robinson Crusoe aus.

Das waren die beiden Würdenträger, denen Mr. Pickwick vorgestellt wurde, als er am Weihnachtsmorgen seinen Platz am Frühstückstisch einnahm.

„Herrlicher Morgen, meine Herren", sagte Mr. Pickwick.

Herr Bob Sawyer nickte leicht zustimmend zu dem Vorschlag und bat Herrn Benjamin Allen um den Senf.

„Sind Sie heute Morgen weit gekommen, meine Herren?" fragte Mr. Pickwick.

„Blauer Löwe in Muggleton", antwortete Mr. Allen kurz.

„Sie hätten gestern Abend zu uns kommen sollen", sagte Mr. Pickwick.

„Das sollten wir auch", antwortete Bob Sawyer, „aber der Brandy war zu gut, um ihn so schnell zu verlassen, nicht wahr, Ben?"

„Sicherlich", sagte Herr Benjamin Allen; „Und die Zigarren waren nicht schlecht, oder die Schweinekoteletts auch: nicht wahr, Bob?"

„Entschieden nicht", sagte Bob. Und die besonderen Freunde nahmen ihren Angriff auf das Frühstück wieder auf, freizügiger als zuvor, als ob die Erinnerung an das Abendessen vom letzten Abend dem Essen einen neuen Genuss verliehen hätte.

„Steg weg, Bob", sagte Mr. Allen aufmunternd zu seinem Begleiter.

„Das tue ich", antwortete Bob Sawyer. Und das tat er, um ihm gerecht zu werden.

„Es gibt nichts Schöneres, als zu sezieren, um Appetit zu machen", sagte Mr. Bob Sawyer und blickte sich am Tisch um.

Mr. Pickwick schauderte leicht.

„Übrigens, Bob", sagte Mr. Allen, „haben Sie diese Etappe schon beendet?"

„Fast", antwortete Sawyer und nahm sich dabei ein halbes Geflügel. „Für ein Kind ist es sehr muskulös."

"Ist es?" fragte Mr. Allen nachlässig.

„Sehr", sagte Bob Sawyer mit vollem Mund.

„Ich habe mich für einen Arm bei uns angemeldet", sagte Herr Allen. „Wir sind auf der Suche nach einem Thema, und die Liste ist fast voll, nur können wir keinen finden, der einen Kopf will. Ich wünschte, du würdest es annehmen."

„Nein", antwortete Bob Sawyer; „Ich kann mir keinen teuren Luxus leisten."

"Unsinn!" sagte Allen.

„Das geht tatsächlich nicht", entgegnete Bob Sawyer. „Ich hätte nichts gegen ein Gehirn, aber einen ganzen Kopf konnte ich nicht ertragen."

„Still, still, meine Herren, beten Sie", sagte Mr. Pickwick, „ich höre die Damen."

Während Mr. Pickwick sprach, kehrten die Damen, galant begleitet von den Herren Snodgrass, Winkle und Tupman, von einem frühen Spaziergang zurück.

„Herrgott, Ben!" sagte Arabella in einem Ton, der beim Anblick ihres Bruders eher Überraschung als Freude ausdrückte.

„Komm, dich morgen nach Hause zu bringen", antwortete Benjamin.

Mr. Winkle wurde blass.

„Siehst du Bob Sawyer nicht, Arabella?" fragte Herr Benjamin Allen etwas vorwurfsvoll. Arabella streckte anmutig ihre Hand aus, als Zeichen der Anerkennung für Bob Sawyers Anwesenheit. Ein Schauder des Hasses durchfuhr Mr. Winkles Herz, als Bob Sawyer die ihm dargebotene Hand spürbar drückte.

„Ben, Liebling!" sagte Arabella und errötete; „Wurden – wurden – Sie Mr. Winkle kennengelernt?"

„Das war ich noch nicht, aber ich werde sehr glücklich sein, Arabella", antwortete ihr Bruder ernst. Hier verneigte sich Mr. Allen grimmig vor Mr. Winkle, während Mr. Winkle und Mr. Bob Sawyer aus den Augenwinkeln das gegenseitige Misstrauen bemerkten.

Die Ankunft der beiden neuen Besucher und die damit verbundene Hemmung von Mr. Winkle und der jungen Dame mit dem Pelz um ihre Stiefel hätte sich aller Wahrscheinlichkeit nach als eine sehr unangenehme Unterbrechung der Heiterkeit der Party erwiesen, wenn nicht die Fröhlichkeit von Mr . Pickwick und die gute Laune des Gastgebers wurden aufs Äußerste für das Gemeinwohl eingesetzt. Mr. Winkle schmiegte sich nach und nach in die Gunst von Mr. Benjamin Allen und beteiligte sich sogar an einem freundschaftlichen Gespräch mit Mr. Bob Sawyer; der durch den Brandy, das Frühstück und das Gespräch belebt wurde, allmählich in einen Zustand äußerster Scherzhaftigkeit reifte und mit großer Freude eine angenehme Anekdote über die Entfernung eines Tumors am Kopf eines Herrn erzählte, die er anhand von Beispielen illustrierte ein Austernmesser und ein halbes Viertelbrot zur großen Erbauung der versammelten Gesellschaft. Dann fuhr der ganze Zug zur Kirche, wo Herr Benjamin Allen fest einschlief; während Mr. Bob Sawyer seine Gedanken von weltlichen Angelegenheiten ablenkte, indem er seinen Namen in dicken, etwa zehn Zentimeter langen Buchstaben in die Sitzfläche der Bank eingravierte.

„Jetzt", sagte Wardle, nachdem ein ausgiebiges Mittagessen mit den angenehmen Speisen Starkbier und Kirschschnaps dem völlig gerecht geworden war; „Was sagst du zu einer Stunde auf dem Eis? Wir werden viel Zeit haben."

"Hauptstadt!" sagte Herr Benjamin Allen.

„Prima!" rief Mr. Bob Sawyer.

„Skaten Sie natürlich, Winkle?" sagte Wardle.

„Ja – ja; Oh ja;" antwortete Herr Winkle. „Ich – ich – bin *ziemlich* aus der Übung."

„Oh, *machen Sie* doch Skait, Mr. Winkle", sagte Arabella. „Ich sehe es *so* gerne."

„Oh, es ist *so* anmutig", sagte eine andere junge Dame.

Eine dritte junge Dame meinte, es sei elegant, und eine vierte meinte, es sei „schwanähnlich".

„Ich würde sicher sehr glücklich sein", sagte Mr. Winkle und errötete; „Aber ich habe keine Skaits."

Dieser Einwand wurde sofort zurückgewiesen. Trundle hatte ein paar Paar bekommen, und der dicke Junge verkündete, dass unten an der Treppe noch ein halbes Dutzend weitere seien, woraufhin Mr. Winkle seine außerordentliche Freude zum Ausdruck brachte und äußerst unbehaglich aussah.

Der alte Wardle ging voran zu einer ziemlich großen Eisfläche; und nachdem der dicke Junge und Mr. Weller den Schnee, der in der Nacht darauf gefallen war, geschaufelt und weggefegt hatten, richtete Mr. Bob Sawyer seine Skats mit einer Geschicklichkeit, die für Mr. Winkle vollkommen erstaunlich war, und zeichnete mit der Linken Kreise Bein und geschnittene Achterfiguren; und ohne auch nur einmal innezuhalten, um Luft zu holen, schrieb er auf das Eis viele andere angenehme und erstaunliche Zeichen, zur überaus großen Zufriedenheit von Mr. Pickwick, Mr. Tupman und den Damen; was einen Höhepunkt positiver Begeisterung erreichte, als der alte Wardle und Benjamin Allen, unterstützt von dem oben genannten Bob Sawyer, einige mystische Entwicklungen vorführten, die sie eine Rolle nannten.

Während dieser ganzen Zeit hatte Mr. Winkle, dessen Gesicht und Hände von der Kälte blau waren, einen Bohrer in seine Fußsohlen getrieben, seine Skischuhe mit den Spitzen nach hinten angezogen und die Riemen in eine sehr komplizierte Form gebracht Mit der Hilfe von Mr. Snodgrass, der eher weniger über Sketche wusste als ein Hindu, konnte er einen verwickelten Zustand erreichen. Schließlich wurden jedoch mit der Hilfe von Mr. Weller die unglücklichen Skats fest verschraubt und angeschnallt, und Mr. Winkle wurde auf die Beine gestellt.

„Nun denn, Sir", sagte Sam in einem ermutigenden Ton; „Geh mit dir und zeig ihnen, wie es geht."

„Halt, Sam, hör auf", sagte Mr. Winkle, zitterte heftig und umklammerte Sams Arme mit dem Griff eines Ertrinkenden. „Wie rutschig es ist, Sam!"

„Auf Eis ist das nichts Ungewöhnliches, Sir", antwortete Mr. Weller. „Warten Sie, Sir."

Diese letzte Bemerkung von Herrn Weller bezog sich auf eine Demonstration, die Herr Winkle in diesem Moment machte, nämlich den verzweifelten Wunsch, seine Füße in die Luft zu werfen und mit dem Hinterkopf auf das Eis zu schleudern.

„Das – das sind sehr unangenehme Sketche; nicht wahr, Sam?" fragte Mr. Winkle fassungslos.

„Ich befürchte, dass darin Obst und Gemüse steckt, Sir", antwortete Sam.

„Nun, Winkle", rief Mr. Pickwick, völlig unbewusst, dass etwas nicht stimmte. "Kommen; Die Damen sind alle besorgt.

„Ja, ja", antwortete Mr. Winkle mit einem gespenstischen Lächeln. "Ich komme."

„ Wie rutschig es ist, Sam! "

„Ich fange nur an", sagte Sam und versuchte, sich zu lösen. „Jetzt, Sir, fangen Sie an."

„Halten Sie einen Moment inne, Sam", keuchte Mr. Winkle und klammerte sich liebevoll an Mr. Weller. „Ich habe ein paar Mäntel zu Hause, die ich nicht will, Sam. Du kannst sie haben, Sam."

„Vielen Dank, Sir", antwortete Herr Weller.

„Mach dir nichts aus, deinen Hut anzufassen, Sam", sagte Mr. Winkle hastig. „Dazu musst du deine Hand nicht wegnehmen. Ich hätte dir heute Morgen fünf Schilling für eine Weihnachtsschachtel geben sollen, Sam. Ich gebe es dir heute Nachmittag, Sam."

„Sie sind sehr gut, Sir", antwortete Herr Weller.

„Halte mich zunächst einfach fest, Sam; wirst du?" sagte Herr Winkle. „Da – das stimmt. Ich werde dem bald im Weg stehen, Sam. Nicht zu schnell, Sam; Nicht zu schnell."

Mr. Winkle, der sich mit halb zusammengekrümmtem Körper nach vorne beugte, wurde von Mr. Weller auf eine sehr eigenartige und unschwanartige Weise über das Eis geführt, als Mr. Pickwick ganz unschuldig vom gegenüberliegenden Ufer rief:

"Sam!"

"Herr?" sagte Herr Weller.

"Hier. Ich will dich."

„Lassen Sie los, Sir", sagte Sam. „Hören Sie nicht, wie der Gouverneur ruft? Lassen Sie los, Sir."

Mit einer heftigen Anstrengung befreite sich Mr. Weller aus dem Griff des gequälten Pickwickianers; und gab dadurch dem unglücklichen Mr. Winkle einen beträchtlichen Auftrieb. Mit einer Genauigkeit, die kein Maß an Geschicklichkeit oder Übung hätte gewährleisten können, bohrte sich dieser unglückliche Herr schnell in die Mitte der Walze, genau in dem Moment, als

Mr. Bob Sawyer einen Schwung von beispielloser Schönheit ausführte. Mr. Winkle schlug heftig gegen ihn, und mit einem lauten Krachen fielen beide schwer zu Boden. Mr. Pickwick rannte zur Stelle. Bob Sawyer war aufgestanden, aber Mr. Winkle war viel zu klug, um so etwas in Sketchen zu tun. Er saß auf dem Eis und versuchte krampfhaft zu lächeln; aber auf jedem Gesichtsausdruck war Kummer zu erkennen.

"Bist du verletzt?" fragte Herr Benjamin Allen mit großer Besorgnis.

„Nicht viel", sagte Mr. Winkle und rieb sich kräftig den Rücken.

„Ich wünschte, du würdest mich ausbluten lassen", sagte Herr Benjamin mit großem Eifer.

„Nein, danke", antwortete Mr. Winkle hastig.

„Ich glaube wirklich, dass du es besser gemacht hast", sagte Allen.

„Danke", antwortete Herr Winkle; "Ich würde lieber nicht."

„Was denken *Sie*, Herr Pickwick?" fragte Bob Sawyer.

Mr. Pickwick war aufgeregt und empört. Er winkte Herrn Weller zu und sagte mit strenger Stimme: „Zieh ihm seine Röcke aus."

"NEIN; aber eigentlich hatte ich kaum angefangen", entgegnete Mr. Winkle.

„Zieh ihm die Röcke aus", wiederholte Mr. Pickwick bestimmt.

Dem Befehl war kein Widerstand zu leisten. Mr. Winkle ließ Sam schweigend gehorchen.

„Heben Sie ihn hoch", sagte Mr. Pickwick. Sam half ihm beim Aufstehen.

Mr. Pickwick entfernte sich ein paar Schritte von den Umstehenden; und indem er seinen Freund winkte, näher zu kommen, warf er einen forschenden Blick auf ihn und sprach in leisem, aber deutlichem und nachdrücklichem Ton diese bemerkenswerten Worte:

„Sie sind ein Humbug, Sir."

"Ein Was!" sagte Mr. Winkle und erschrak.

„Ein Humbug, Sir. Ich werde klarer sprechen, wenn Sie es wünschen. Ein Betrüger, Sir."

Mit diesen Worten drehte sich Mr. Pickwick langsam auf dem Absatz um und gesellte sich zu seinen Freunden.

Während Mr. Pickwick die soeben aufgezeichnete Aussage vortrug, übten Mr. Weller und der dicke Junge, nachdem sie gemeinsam eine Folie herausgeschnitten hatten, sich darauf auf sehr meisterhafte und brillante

Weise. Vor allem Sam Weller zeigte die wunderschöne Kunstfertigkeit des ausgefallenen Gleitens, die heute als „An die Tür des Schusters klopfen“ bezeichnet wird und die dadurch erreicht wird, dass man auf einem Fuß über das Eis gleitet und gelegentlich mit einem Zwei-Penny-Klopf des Postboten darauf klopft mit dem anderen. Es war eine schöne, lange Bewegung, und die Bewegung hatte etwas, um das Mr. Pickwick, dem das Stillstehen sehr kalt war, nicht umhin konnte, ihn zu beneiden.

„Das sieht doch nach einer schönen warmen Übung aus, nicht wahr?“ er erkundigte sich bei Wardle, als dieser völlig außer Atem war, wegen der unermüdlichen Art, mit der er seine Beine in einen Zirkel verwandelt und komplizierte Probleme auf das Eis gezeichnet hatte.

„Ah, das tut es tatsächlich“, antwortete Wardle. „Rutschen Sie?“

„Das habe ich als Junge immer auf den Dachrinnen gemacht“, antwortete Mr. Pickwick.

„Versuchen Sie es jetzt“, sagte Wardle.

„Oh, bitte, Mr. Pickwick“, riefen alle Damen.

„Ich würde Ihnen gern ein Vergnügen bereiten“, antwortete Mr. Pickwick, „aber so etwas habe ich in den letzten dreißig Jahren nicht getan.“

„Puh! Puh! Unsinn!" sagte Wardle und führte seine Sketche mit der Ungestümheit vor, die sein ganzes Vorgehen kennzeichnete. "Hier; Ich werde dir Gesellschaft leisten; mitkommen." Und davon raste der gutmütige alte Kerl die Rutsche hinunter, mit einer Geschwindigkeit, die Mr. Weller sehr nahe kam und den fetten Jungen um Längen schlug.

Mr. Pickwick hielt inne, überlegte, zog seine Handschuhe aus und steckte sie in seinen Hut, machte zwei oder drei kurze Läufe, sträubte sich ebenso oft, machte schließlich einen weiteren Lauf und lief langsam und schwerfällig die Rutsche hinab, mit seinen Füßen etwa einen Meter lang Meter voneinander entfernt, inmitten der befriedigten Rufe aller Zuschauer.

Ging langsam und mühsam die Rutsche hinunter, die Füße etwa anderthalb Meter voneinander entfernt.

„Behalten Sie den Topf eine Weile, Sir", sagte Sam; und wieder ging Wardle hinunter, und dann Mr. Pickwick, und dann Sam, und dann Mr. Winkle, und dann Mr. Bob Sawyer, und dann der dicke Junge und dann Mr. Snodgrass, dicht auf den Fersen und rennend mit so viel Eifer hintereinander her, als hingen alle ihre zukünftigen Lebensaussichten von ihrer Expedition ab.

Es war überaus interessant, die Art und Weise zu beobachten, in der Mr. Pickwick seinen Anteil an der Zeremonie ausübte: die quälende Angst zu beobachten, mit der er die Person hinter ihm betrachtete, die ihn auf die unmittelbare Gefahr hin überwältigte, ihm ein Bein zu stellen: zu sehen, wie er nach und nach die schmerzhafte Kraft aufwendete, die er zunächst aufgewendet hatte, und sich langsam auf der Rutsche umdrehte, mit dem Gesicht dem Punkt zugewandt, von dem er begonnen hatte: um das verspielte Lächeln zu betrachten, das sich auf sein Gesicht legte, als er es geschafft hatte die Entfernung und der Eifer, mit dem er sich umdrehte, als er das getan hatte, und seinem Vorgänger nachlief, wobei seine schwarzen Gamaschen angenehm durch den Schnee glitten und seine Augen durch seine Brille Fröhlichkeit und Freude ausstrahlten. Und als er niedergeschlagen wurde (was durchschnittlich in jeder dritten Runde geschah), war es der belebendste Anblick, den man sich vorstellen kann, zu sehen, wie er mit glühendem Gesichtsausdruck seinen Hut, seine Handschuhe und sein Taschentuch aufsammelte und zu seinen eigenen zurückkehrte Position im Rang, mit einem Eifer und Enthusiasmus, den nichts schwächen konnte.

Der Sport war auf seinem Höhepunkt, das Rutschen war am schnellsten, das Gelächter war am lautesten, als ein scharfes, schrilles Knacken zu hören war. Es gab einen schnellen Ansturm auf die Bank, einen wilden Schrei der Damen und einen Schrei von Mr. Tupman. Eine große Eismasse verschwand, das Wasser blubberte darüber, und Mr. Pickwicks Hut, Handschuhe und Taschentuch schwammen auf der Oberfläche: und das war alles von Mr. Pickwick, das jeder sehen konnte.

Auf jedem Gesicht waren Bestürzung und Angst zu sehen; die Männchen wurden blass und die Weibchen fielen in Ohnmacht; Mr. Snodgrass und Mr. Winkle packten einander bei der Hand und starrten mit rasendem Eifer auf die Stelle, wo ihr Anführer zu Boden gegangen war; Während Mr. Tupman schnellstmögliche Hilfe leistete und gleichzeitig allen Personen, die sich in Hörweite aufhalten konnten, eine möglichst klare Vorstellung von der Katastrophe vermittelte, rannte er mit Höchstgeschwindigkeit durch das Land und schrie: „Feuer!" " mit aller Kraft und Kraft.

Es war genau in diesem Augenblick, als der alte Wardle und Sam Weller sich mit vorsichtigen Schritten dem Loch näherten und Mr. Benjamin Allen eine eilige Beratung mit Mr. Bob Sawyer über die Zweckmäßigkeit führte, das Unternehmen generell auszubluten, da es sich um ein sich verbesserndes kleines Unternehmen handelte Etwas professionelle Übung – genau in diesem Moment tauchten ein Gesicht, ein Kopf und Schultern unter dem Wasser auf und enthüllten die Gesichtszüge und Brillen von Mr. Pickwick.

„Halten Sie sich einen Moment wach – nur einen Moment", heulte Mr. Snodgrass.

"Ja mach; „Lass mich dich anflehen – um meinetwillen", brüllte Mr. Winkle tief betroffen. Die Beschwörung war eher unnötig; Die Wahrscheinlichkeit besteht darin, dass Mr. Pickwick, wenn er sich geweigert hätte, sich um anderer willen zu ernähren, auf die Idee gekommen wäre, dass er es genauso gut für sich selbst tun könnte.

„Spürst du da den Tiefpunkt, alter Kerl?" sagte Wardle.

„Ja, sicherlich“, antwortete Mr. Pickwick, rang sich das Wasser aus Kopf und Gesicht und schnappte nach Luft. „Ich bin auf den Rücken gefallen. Ich konnte zunächst nicht auf die Beine kommen.“

Der Lehm auf einem Großteil von Mr. Pickwicks Mantel, der noch sichtbar war, war ein Beweis für die Richtigkeit dieser Aussage; Und als die Befürchtungen der Zuschauer noch dadurch gemildert wurden, dass der dicke Junge sich plötzlich daran erinnerte, dass das Wasser nirgends mehr als fünf Fuß tief war, wurden tapfere Wunder vollbracht, um ihn herauszuholen. Nach einer Menge Platschen, Krachen und Kämpfen war Mr. Pickwick schließlich einigermaßen aus seiner unangenehmen Position befreit und stand wieder auf dem Trockenen.

„Oh, er wird sich eine Erkältung zuziehen“, sagte Emily.

„Liebes altes Ding!“ sagte Arabella. „Lassen Sie mich diesen Schal um Sie wickeln, Mr. Pickwick.“

„Ah, das ist das Beste, was Sie tun können“, sagte Wardle; „Und wenn du es an hast, renn nach Hause, so schnell deine Beine dich tragen können, und spring direkt ins Bett.“

Ein Dutzend Schals wurden sofort angeboten; und nachdem drei oder vier der dicksten ausgewählt worden waren, wurde Mr. Pickwick eingepackt und machte sich unter der Führung von Mr. Weller auf den Weg; Es stellt das einzigartige Phänomen dar, dass ein älterer Herr, tropfnass und ohne Hut, mit an den Seiten gefesselten Armen, ohne klar definiertes Ziel mit einer Geschwindigkeit von gut sechs englischen Meilen pro Stunde über den Boden gleitet.

Aber Mr. Pickwick kümmerte sich in einem solch extremen Fall nicht um den Schein, und von Sam Weller dazu gedrängt, hielt er sein Tempo auf Hochtouren, bis er die Tür von Manor Farm erreichte, wo Mr. Tupman etwa fünf Minuten zuvor angekommen war. und hatte die alte Dame so erschreckt, dass ihr Herz klopfte, indem er ihr die unumstößliche Überzeugung vermittelte, dass der Küchenschornstein brannte – ein Unglück, das sich der alten Dame immer in den leuchtendsten Farben vorstellte, wenn irgendjemand um sie herum dies an den Tag legte kleinste Aufregung.

Mr. Pickwick zögerte keine Sekunde, bis er es sich im Bett bequem machte. Sam Weller zündete im Zimmer ein loderndes Feuer an und nahm sein Abendessen auf; Anschließend wurde eine Schüssel mit Punsch herbeigetragen und zu Ehren seiner Sicherheit ein großes Zech veranstaltet. Der alte Wardle wollte nichts von seinem Aufstehen hören, also machten sie das Bett zum Stuhl, und Mr. Pickwick führte den Vorsitz. Eine zweite und eine dritte Schüssel wurden bestellt; und als Mr. Pickwick am nächsten

Morgen aufwachte, gab es keine Anzeichen von Rheuma an ihm, was beweist, wie Mr. Bob Sawyer sehr richtig bemerkte, dass es in solchen Fällen nichts Besseres gibt als heißen Punsch, und dass heißer Punsch, wenn überhaupt, versagt hat Um vorbeugend zu wirken, geschah dies lediglich, weil der Patient dem vulgären Fehler verfiel, nicht genug davon einzunehmen.

Die fröhliche Party löste sich am nächsten Morgen auf. Trennungen sind in unserer Schulzeit ein schwerwiegendes Ereignis, aber im späteren Leben sind sie schmerzhaft genug. Tod, Eigennutz und Schicksalswechsel brechen jeden Tag viele glückliche Gruppen auf und zerstreuen sie weit und breit; und die Jungen und Mädchen kommen nie wieder zurück. Wir wollen damit nicht sagen, dass dies in diesem speziellen Fall genau der Fall war; Alles, was wir dem Leser mitteilen möchten, ist, dass die verschiedenen Mitglieder der Partei sich in ihre verschiedenen Häuser zerstreuten; dass Mr. Pickwick und seine Freunde wieder einmal auf dem Dach der Muggleton-Kutsche Platz nahmen; und dass Arabella Allen unter der Obhut und Vormundschaft ihres Bruders Benjamin und seines engsten und engsten Freundes zu ihrem Bestimmungsort zurückkehrte, wo auch immer dieser gewesen sein mochte – wir wagen zu behaupten, dass Mr. Winkle es wusste, aber wir gestehen, dass wir es nicht wussten , Herr Bob Sawyer.

Bevor sie sich jedoch trennten, zogen dieser Herr und Herr Benjamin Allen Herrn Pickwick mit einer geheimnisvollen Miene beiseite; und Mr. Bob Sawyer schob seinen Zeigefinger zwischen zwei von Mr. Pickwicks Rippen und zeigte dabei gleichzeitig seine angeborene Skurrilität und sein Wissen über die Anatomie des menschlichen Körpers:

„Ich sage, alter Junge, wo hängst du ab?"

Herr Pickwick antwortete, dass er derzeit im George and Vulture suspendiert sei.

„Ich wünschte, du würdest kommen und mich besuchen", sagte Bob Sawyer.

„Nichts würde mir mehr Freude bereiten", antwortete Mr. Pickwick.

„Da ist meine Unterkunft", sagte Mr. Bob Sawyer und zog eine Karte hervor: „Lant Street, Borough; Es ist in der Nähe von Guy's und praktisch für mich, wissen Sie. Kurz nachdem Sie die St.-Georgs-Kirche passiert haben, verlassen Sie die High Street auf der rechten Seite."

„Ich werde es finden", sagte Mr. Pickwick.

„Kommen Sie am Donnerstag in der Woche und bringen Sie die anderen Leute mit", sagte Mr. Bob Sawyer, „ich werde an diesem Abend ein paar medizinische Kollegen haben."

Herr Pickwick äußerte die Freude, die es ihm bereiten würde, die Mediziner kennenzulernen; und nachdem Mr. Bob Sawyer ihm mitgeteilt hatte, dass er sehr höflich sein wollte und dass sein Freund Ben mit von der Partie sein sollte, schüttelten sie sich die Hände und trennten sich.

Wir haben das Gefühl, dass wir uns an dieser Stelle der Frage stellen, ob Mr. Winkle während dieses kurzen Gesprächs mit Arabella Allen geflüstert hat, und wenn ja, was er gesagt hat; und außerdem, ob Mr. Snodgrass sich getrennt mit Emily Wardle unterhielt, und wenn ja, was *er* sagte. Darauf entgegnen wir, dass sie, was auch immer sie zu den Damen hätten sagen mögen, achtundzwanzig Meilen lang überhaupt nichts zu Mr. Pickwick oder Mr. Tupman sagten, und dass sie sehr oft seufzten, Bier und Brandy ablehnten und … sah düster aus. Wenn unsere aufmerksamen Leserinnen aus diesen Tatsachen zufriedenstellende Schlussfolgerungen ziehen können, bitten wir sie auf jeden Fall, dies zu tun.